西川 潤
マルク・アンベール 編

MANIFESTE CONVIVIALISTE

共生主義宣言

経済成長なき時代をどう生きるか

コモンズ

共生主義宣言●もくじ●

まえがき

「共生主義」は、ポスト資本主義社会を拓くために打ち出された実践理論である。その先駆となったのは、二〇一〇年に東京の日仏会館で開かれた「よりよい共生が可能な社会を目指して」というシンポジウムだ。(1) そこでは、グローバル経済の成長幻想を断ち切り、平和な分かち合い社会へ向かう道をいかに模索するかについて、さまざまな観点から論議がなされた。
実際、地球の環境破壊が危機的状況に至っていても、世界は成長への歯車を加速させるばかりで、それを食い止める糸口を見出すのは容易ではない。だが、市場経済とは別の地平に立って暮らしを変える取り組みが、世界中で生まれている。自然エネルギーの活用、車のシェアリング、農産物の地産地消など一つひとつはささやかであっても、分かち合って生きる社会を目指す人たちの輪が身のまわりに広がってきているのである。
「共生主義」が望むのは、人がいたわり合って心豊かに暮らせる社会であり、それを市民の手で実現することである。そのために、不正や不平等と闘う人びとを支える理念をすくいあげ、その理念に普遍性を与えて共振させ、社会変革のうねりを導こうと試みを重ねている
「共生主義」はもともと、哲学者イヴァン・イリイチの言葉である。本書では、『共生主義宣言』(Mnifeste Convivialiste)の四つの原則に沿う暮らしと社会のあり方を示す概念として使って

いる。四つの原則とは、次のとおりだ。

①人はみな等しく人類共同体の一員である（一九四八年に採択された世界人権宣言の第一条）。

②人は他者なしに生きられない相互依存的存在であり、どのような社会を選びとるかについて等しく責任を負う。

③人は自らの個性と能力を伸ばして生きる存在（スピノザのいうコナトゥス Conatus）である。

④人は他者の異論を受容し、摩擦や敵対を民主的な合意形成で、プラスの活力に転換する（モースの「殺し合いを回避した異論の受容」（四八ページ）の実践と民主的平等（ルソー）の実現）

「共生主義」に立つ生き方をわかりやすく言うなら、「他者をいたわり、自然への配慮を忘れずに、自分が属する社会のすべての構成員の幸福のために、責任を果たしつつ生きていくこと」だ。「共生主義宣言」の賛同者たちは、自立した協働を基盤に成り立つ社会を理想とし、人と人が優しさと思いやりで結ばれる社会の実現を願っているのである。

二〇一三年にフランスで出版された『共生主義宣言』には、脱経済支配社会を目指す運動の指針が示されている。そのヒントになったのは、世界各地で少なからず取り組まれている経済至上主義に抗する運動である。フランスでは現在、この宣言に当初から携わった六四名に三六〇〇名余の学識者・市民運動家らが加わり、賛同者の核を形成している。なお、最新情報については、「共生主義」運動のホームページ(http://www.lesconvivialistes.org)を参照されたい。

二〇一五年一〇月にレンヌ大学で開催された「新しい世界の構築」をテーマとする「共生主

義」のシンポジウムには六〇名以上の発表者が集まり、三日間にわたる活発な議論が展開された[2]。また、二〇一六年六月には『共生主義的政治へ向けて』[3]と題する共著の刊行に合わせて、パリで公開討論会が「哲学劇」の形で開催された。古代の哲学論議を真似て、「共生主義を選ぶか、破局へ突き進むか?」という大きなテーマを、論者や演者が入れ替わり立ち代わり取り上げていく、従来のシンポジウムにはない対話の試みである。

『共生主義的政治へ向けて』は、「共生主義宣言」で提案された「共生主義社会」へ向かうための方策を社会学者のアラン・カイエがいくつかの枠にくくりまとめたもので、あるべき社会を目指すための政策草案である。世界中で取り組まれている多種多様な市民の抵抗運動と実験的試みを俯瞰し、それをもとに混迷する社会体制を脱するための対案を提起する作業は、容易ではない。しかし、「共生主義」の理念に沿った道を見出していくには、多くの人びとを交えた熟議が不可欠である。試案をまとめては公の場で論議を深めることで、「共生主義」がより多くの人びとの共有概念になっていくことが望まれる。

『共生主義宣言』の簡約版は英語、ドイツ語、スペイン語、ポルトガル語、イタリア語、ルーマニア語、トルコ語、中国語、日本語、ヘブライ語に訳され、インターネットで公開されている(前出のサイト)。その全訳は英語とドイツで最初に出版された。

ドイツでは二〇一四年に「共生主義」のサイトが開設され、たくさんの学識者たちを集めて討論会が催されてきた。その論戦を集めた書籍も出版されている。ドイツの賛同グループは英語でもサイトを立ち上げた。こうして、ドイツを起点にして、「共生主義」に関する論議がインターナショナルに広がりつつある。イタリアでも二〇一四年に全訳がなされ、それに基づいた討論会が開かれて、ポスト哲学の雑誌に「共生主義」の特集が組まれた。ブラジルでも全訳がなされて討論会が開かれ、その内容はポルトガル語で二〇一五年に出版されている。

今回、日本語の全訳を収めた本書が刊行されたことを心から喜びたい。本書を読んで共生主義の理念に賛同された方は、前記のサイトで署名ができる。

「共生主義」の賛同者たちは、今後も共著などいろいろな形で論議を展開していく予定である。加えて、個人としても研究者・実践者集団としても、それぞれの立場から、ポスト資本主義社会のあり方について、理論的かつ実践的論考を発表していくだろう。国境を越えて賛同者が増えれば、より多くの人びとの考えをすくいあげて、あるべき社会の理想図をともに描くことができる。他者を思いやり、自然への配慮を忘れない社会を形成していくための、より的確な取り組みが見えてくるはずである。

「共生主義」社会への展望は、フランスや日本をはじめ世界各地で取り組まれてきた市民主導の実践から学びつつ、学識者たちが知恵を寄せ合って協同で模索している[4]。『共生主義宣言』に提示された理念は、今後さらに検討が重ねられて練り上げられていくべき下書きである。モノや金銭の価値に偏った世界ではなく、分かち合い切磋琢磨する「共生主義」の社会が、より多くの人びととの賛同を得られれば、地球を明日につなぐことができる。生命を尊び、生きる喜びを分かち合える社会が、そこに開けるのである。ささやかな一歩でも、自分の地域から取りかかれることがある。その信念こそが「共生主義」を現実のものにしていく。

二〇一六年六月にパリの劇場で開かれたシンポジウムで、司会を務めたアラン・カイエはこう締めくくった。

「はっきりとは捉えられなくても、次の時代への転換はすでに始まっている。われわれは共生への道へ向かって、qu'on vive《コンヴィーヴ》(何としても生きる)[5]」

二〇一七年一月

マルク・アンベール

(1) このシンポジウムの成果は、勝俣誠／M・アンベール編著『脱成長の道――分かち合いの社会を創る』(コモンズ、二〇一一年)にまとめられた。

(2) このシンポジウムに提出された論稿を軸として、M. Humbert (dir.) *Reconstruction de la société. Analyses Convivialistes*, Presses Universitaires de Renne, 2017 が出版された。

(3) A. Caillé et Les convivialistes, *Elements d'une politique convivialiste*, Paris, Le bord de l'eau, 2016.

(4) この努力の成果は、(2)の文献「社会の再構築――共生主義者の展望」(未邦訳)に収録されている。

(5) 共生主義はフランス語の convivialisme の和訳で、語源の convive(食卓を囲み、共愉のひとときを過ごす者)はコンヴィーヴと発音する。この発音は、もうひとつの意味である qu'on vive と重なる。後者は「どんな状況であれ、生き抜く」意思を表す。

第1章　共生主義とは何か？

西川　潤

1　共生の意味と本書の構成

「共生」とはよく聞く言葉だが、「共生主義」とはおそらくあまり聞き慣れない言葉だろう。新しい言葉は、新しい現実に対応している。

本書で用いる「共生主義」は、フランスでこの数年盛んになってきたconvivialismeの訳語である。コンヴィヴィアリスムは、まえがきで言及している二〇一〇年のシンポジウムで、脱成長の到達点、また行き先として紹介された。そして、二〇一三年にはフランスなどの研究者たちの手により、「国際宣言」の形である程度まとめられ、先進諸国の経済社会転換の方向として具体的に提示される。本書では、このコンヴィヴィアリスムの思考と概念を紹介し、その意義と課題、そして平和との関連について検討する。

「共生」はよく聞く言葉だと述べたが、その意味は実は多様である。日本語の語源は二つあるようだ。古くは大乗仏教に現れ、生きとし生けるものは縁起（因果関係）によりつながっており、それゆえ共に生きる（生きることは生かされること）とする。[1]もうひとつは生態学の用語で、異なる種が相互関係を保ちつつ共存する現象を指す（多くの辞書の定義。英語ではsymbiosis）。だが、高度成長時代にはこの言葉は影をひそめ、一九七〇年代の第一次石油ショックの時期に「相互依存」として現れた。その後、一九八〇年代以降に頻繁に用いられる。近年の用法では、次の三つが主であろう。

第一は、国際化、グローバル化の波を通じて、外国人との接触が多くなり、「多文化共生」の必要性が認識されてきたことから転じて、少数者との交流を「共生」(living together)と呼ぶ。自治体が設置する「共生の家」などは、外国人、障がい者、高齢者らとの交流の場として使われている。

第二は、同じくグローバリゼーションを通じて、日本社会でも多くの格差が生じ、非正規労働者の大量発生、生活保護世帯の急増に示される低所得貧困者の増大、男女差別の壁、子どもの貧困などの社会分裂が目立つようになったことを背景としている。これらの周辺社会層の包摂政策が「共生政策」(social cohesion)と呼ばれ、内閣府に担当官が置かれた(民進党は、民主党時代に「共生社会創造本部」を設け、政策を検討したが、この共生は「格差縮小」を指しているようだ)。「男女共生」はこの格差縮小の意味で、よく聞かれる言葉である。男女共生課、男女共生センターなどの担当部署を設けている地方自治体もある。改正障害者基本法(二〇一一年)では、すべての国民が障害の有無を問わず「共生する社会」の実現を目的とすると述べ、法律用語にも使われている。

第三は、「環境との共生」という用法にも見られるように、世界的な産業化の進展のなかで、環境破壊や生態系変化が進み、世界的な災害の増大を通じて、人間と自然との共生を考えようとする思考である(大場 二〇〇八)。たとえば「環境共生都市」のように用いられ、スリーマイル島（一九七九年）、チェルノブイリ（一九八六年）、福島（二〇一一年）の原発事故を通じて、一般に広がるようになってきた。

一方、これらの用法を総合する思考として、一九七〇年代初めにイヴァン・イリイチが提唱したコンヴィヴィアリティ（conviviality, convivialité）があることについては、前述のシンポジウムでも指摘されていた（勝俣／アンベール編著 二〇一一）[2]。イリイチは、石油ショックに象徴される国際関係の激変に際し、人間が大量生産・大量消費の機械文明に振り回され、自己を失っていることが危機の根本原因であるとして、人間の自律性から新しい社会関係の創造へと進み出すことに平和回復の方向を求めたのである。

本書で扱う「共生主義宣言」（Manifeste convivialiste）はこうしたイリイチの思考の線上にあり、前述した三つの用法をも包含している。その意味で、日本において彼の思考をフォローしていくことには、現代社会の複合的な危機からの出口を求める手がかりを見出していくうえで十分な意義があろう。ここでいう危機とは、次のような現象を指している。

成長を叫びながら、成長の矢は不発。デフレ克服を叫びながら、いたずらに債務が増大する。円安と株高を掲げながら、国際マネーに振り回される。女性活躍を叫びながら、男女格差や社会資本の遅れが目立つ。エネルギーが十分間に合っているのに、原発を動かす。環境保全を叫びながら、災害が増発する。これらの危機を通じて、経済社会格差が拡大する。

では、ここで「共生主義」という訳語を使用するのはなぜか。「共生」の多義性を考えると、コンヴィヴィアリスムをそのまま使うのがもっとも妥当だろう。だが、英語やフランス語をカタカナで使うのは、日本語の文脈でなじみが薄い。また、共生という日本語は社会的・文化的・環境的共存とそこから発生する相互作用を意味し、かなりの程度 conviviality の意味をカバーしている(3)。この二つの理由から、共生を使用することにした。

なお、イリイチの『コンヴィヴィアリティのための道具』(Ilich 1973)の訳者・渡辺京二は、コンヴィヴィアリティを「自立共生」と訳している。これは、イリイチの用法を正確に表しているが、やや長いし、環境との関連をどう表現するかなどで説明を要する用語である。そこで、ここでは一般的な「共生」を用いる(4)。

また、「共生主義」の主義(ism)は、あるキー概念を通じて世界を説明することを意味する。現代の危機が体系的な資本主義システムの危機であるとすれば、この危機を体系的に説明し、そこからの出口を見出す思考が大事になる。この意味での「共生主義」は、これまでの日本語文献にはほとんど現れていない。それゆえ、なぜ「共生」というキーワードを通じて世界を説明する必要があるか、についても議論を深めたい。

本章では、二〇一三年にフランスで公表された「共生主義宣言」の内容とその背景、私なりに理解した意義を説明する。次いで、第２章に宣言の和訳を掲げる。

第３章では、「共生主義宣言」の共同起草者のひとりで、本書の共編者でもあるマルク・アンベールが「社会をより人間的なものにする」という観点から、共生主義の経済と社会の大要を描き出す。彼はかつて日本に滞在した折に、前述のシンポジウムを主催し、最近十数年間にフランスで盛んになった脱経済成長の思考を日本に紹介したが、そこではいち早く、「共生」思考を経済社会危機へのオルタナティブとして示していた。二〇一一年の東日本大震災後の被災地への支援活動、関わり合いを通じて、より積極的な共生主義の理論化を進める必要を痛感したという。こうしてフランスでの研究会が生まれ、「共生主義宣言」へと至った。その経緯については、まえがきで述べている。

第4章（筆者）は、「共生社会」を掲げるのはたやすいが、現実に私たちの生きる社会での実現には大きな壁があるという問題を、障がい者共生について扱った。同時に、障がい者運動の展開を通じて、ノーマライゼーション、当事者主権など、名実ともに障がい者の人権と社会参加を保障する実践の試みもある。これらの方向に、日本社会での共生主義展開の道を見出したい。

第5章は、二〇一五年一〇月にフランスのブルターニュ地方レンヌ市で行われた共生主義のシンポジウム（まえがき参照）に出席した勝俣誠が、自らの農の実践を踏まえ、現代世界の経済システムが、人間をモノとし、自立の動きを損なうものであることを分析する。そこでは、高度成長時代の「モノの豊かさ」の時代が終わった今日、自然と触れ合う第一次産業の営みから、共生主義の本領である自律とモノに限定されない豊かさの世界へと目を開く可能性が現れることが示されている。

第6章は、レンヌ市で都市と農村をつなぐ産消提携運動を行い、東日本大震災時にはいち早くフランスと東北を結ぶ支援活動（第7章3に紹介）に関わったアンベール-雨宮裕子が、日本での共生主義の先駆者である一楽照雄の思想に基づいて始めた産消提携運動の経緯を、行き違いの例も含めて紹介する。産消提携運動は、フランスのみならず欧米各地で広がっている。本章から読者は、共生主義の実践が身の回りから可能であることを理解するだろう。

第7章は、日本の各地で展開している共生社会を目指す三つの実践を紹介している。

まず、滋賀県から始まった環境と人間の共生を図る「菜の花プロジェクト」が、いかにして全国的な菜の花サミットへと発展したか、さらに国境を越えてチェルノブイリの環境再生運動と結びつき、国際的な共生運動に展開したかを、当事者の藤井絢子が証言した。次に、山形県高畠町と首都圏を結ぶ産消提携運動を通じて、都市と農村の相互乗り入れ、相互理解を進め、両者を結ぶ持続可能なコミュニティを形成していく実践を、深く関わってきた吉川成美が報告する。そして、原発事故の被災地である福島県相馬市で、農業の六次産業化や再生エネルギーの普及などをとおして被災地再生、地域おこしを目指すNPO法人野馬土《のまど》の活動（名称の由来は二三二ページ参照）を、代表理事・三浦広志氏の談話と同法人のホームページに基づいて筆者が紹介した。

いずれも、共生主義を名乗っているわけではないが、地域共生、環境共生、都市と農村の共生、産消共生など、共生の思想に基づく実践の報告である。読者はこれらを通じて、自分の身の回りで起こっている、そしていつでも起こし得る共生プロジェクトについてのイメージが得られ、共生主義への理解が深められるだろう。

本書は、しかし、日本における共生主義的な活動を網羅的にカバーしているわけではない。たとえば、男女共生、多文化共生、世代間共生などは十分に扱えていない。機会を改めて、フランスの共生主義の思想と実践、それと通い合う日本での事例を集めていきたい。それらが、私たちのポスト経済成長と共生社会に関する理解に役立つと考えられる。

次に、「共生主義宣言」がどういうものかを説明することにしたい。

2 「共生主義宣言」の背景

共生主義の概念は、二〇一三年六月にフランスで出版された『共生主義宣言』(Collectif 2013)である程度まとめられた。同書のサブタイトルには「相互依存宣言」とある。地球上のすべての人びと、人間集団がお互いに連関して生きていることに注意を払ったわけで、個人主義の強い伝統で暮らす欧米先進国では、この点の想起が必要と考えられたのだろう。

その文書は、フランスで二〇一一年以来、知識人らの「社会科学における反功利主義運動」(Mouvement anti-utilitariste dans les sciences sociales MAUSS 2014)、経済と民主主義の関係を追求する国際NGOのPEKEA(Political and Economic Knowledge on Economics Activities)(Humbert

『共生主義宣言』（フランス語版）の表紙

2013)、世界社会フォーラムの関係者（スーザン・ジョージら）、社会的経済（非営利・協同経済）や連帯経済、ＧＤＰにとどまらぬ豊かさ指標開発の関係者、実践者たちが集まって開かれた研究会の成果として生まれたものである。発表時には六十数名の国際的な署名を付したが、二〇一五年末時点では三六〇〇余名に増えた（http://www.lesconvivialistes.org）[5]。このサイトには宣言簡約版が、フランス語や日本語など一一カ国語で掲示されている。

「共生主義宣言」の背景には次の三点があることを指摘しておきたい。

第一に、二〇〇〇年代なかばからの米国発の金融・経済危機が、二〇一〇年代にはユーロ危機に波及し、新興国の追い上げ、グローバル化＝西欧化に抵抗するテロ活動の活発化とあいまって、ヨーロッパが従来経験しなかった不安感が広がったことである。従来、Ｇ７が取り仕切った国際ガバナンスは二一世紀に入り、新興国を加えたＧ20の場での協議なくしては動かなくなっている。そして、いっこうに改善の兆しが見えない若者の失業問題、ＥＵ内部の南北格差拡大による南欧諸国の危機、さらに二〇〇一年の米国の九・一一同時テロ以降、〇五年のロンドン、一五年のパリなど、欧米ではテロ活動が絶えない。移民、難民の急激な流入もあり、人びとの不安感が高まっている。

第二に、二〇世紀末ころから目立つようになった地球温暖化、環境異変、台風、洪水、熱波、旱魃、竜巻、エルニーニョ、虫害の異常発生といった天災である。その結果、国連で気候変動に関する政府間パネル(ＩＰＣＣ)が設けられて、京都議定書(一九九七年)、ＣＯＰ21のパリ協定(二〇一五年)に至る。気候変動への憂慮、そして、スリーマイル島、チェルノブイリ、福島と主要国で相次ぐ原発事故に対する危機感から、環境問題への関心が盛り上がり、自然環境と人間との共生がクローズアップされてきた。

第三に、フランスはじめヨーロッパ各地で、非営利経済・社会的経済・連帯経済[6]の運動が拡大してきたことである。フランスでは一九八〇年代初めの社会党政権以降、社会的経済・連帯経済が公共政策として認知され、従来セクター的に捉えられた非営利経済がマクロ的かつシステム的にグローバリゼーションへの対抗的役割を果たし得るとの実感が生まれた。それを示すのが、一九八二年の地方分権(本土で二二の地域圏創設)、八三年の社会的経済法(社会的経済総局設置)、二〇一二年のオランド政権下での社会的連帯経済大臣任命(連帯経済局設置)、一四年七月の社会的連帯経済(Economie Sociale et Solidaire：ESS)法成立などの動きである。その後、連帯経済局は社会的経済総局と合併して、商業・手工業・消費・社会的連帯経済省に昇格し、非営利経済振興、弱者支援などの社会的包摂政策の推進に当たっている。

このような非営利経済・社会的経済・連帯経済分野の振興を通じて、近現代世界を形づくってきた経済優先、個人主義、合理主義と競争、効率の世界を見直す思想原理が求められてきた。社会的連帯経済が、地方分権・地域圏形成とドッキングして、豊富な実践の経験を蓄積するようになっていることにも、注意を払っておきたい。また、二一世紀当初の金融・経済危機を通じて、先進国の高度成長の終焉が認識され、脱成長（décroissance; degrowth）の議論が盛んになった。こうして、社会的連帯経済の議論と脱成長の議論が結びつき、新たな経済原理が模索されていく。

ここから、合理主義・個人主義経済原理批判、脱成長、ポスト成長期の政治経済学、グローバリゼーション批判の世界社会フォーラムといった思想と運動が集まり、コンヴィヴィアリスムの役割に着目することになった。そして、ポスト成長期の成熟社会をどう形成していくかという関心の高まりから、イリイチのコンヴィヴィアリテの思考をベースとして、コンヴィヴィアリスムが提起され、人びとの関心を惹きつけるようになったのである（Humbert 2013）。

3　「共生主義宣言」の内容

「共生主義宣言」はA6版、フランス語の本文で三九ページの小冊子である。また、簡約版（A4版、五ページ、原版の約三分の一の量）があり、lesconvivialistes. org のサイトには、前述したように簡約版が載っている。ここでは原版に従って紹介する。[7] 目次は次のとおりだ。

はじめに（現存する危機、現存する希望）
第1節　最大の挑戦（あらゆる脅威の母体、いまある答え）
第2節　四つ（加えてもう一つ）の基本的問題、思考上の課題
第3節　共生主義について（一般的考察）
第4節　倫理と政治と環境と経済に関する考察
第5節　具体策とは？（何をなすべきか？ 現体制との決別と新体制への移行）

イントロダクションと第1節では現代の資本主義世界が危機に見舞われていることを指摘し、次のように述べている。

人類は巨大な科学技術上の進歩を実現してきたが、社会紛争、環境悪化、暴力が頻発している。既存の人文・社会科学は、これに十分な答えを見出せていない。他方で、人権、民主主義を目指す民衆運動はさまざまな対案、実践を生み出しているが、必ずしもまとまっていない。これらの思考や運動の持つエネルギーを結集し、人類の破滅への道を押しとどめることが急務だ。

第2節は、この危機に向き合うためにわれわれにとって必要な四つの原理を説明する。民衆勢力が共有する原理は以下のとおりである。

①倫理。個人に許される行為、自制すべき行為は何か。
②政治体制。多様な民主主義のなかで、公正で多くの人に受け入れられ得る体制は何か。
③生態学的（環境）原理。自然から人間が獲得でき、また、自然に返すべきものは何か。
④経済的な原理。前記の三原理と整合的で、われわれが生産してもよい富の内容と規模。

この四つに、宗教とスピリチュアリティ[8]の原理を加えてもよい。これらの原理の整合と実践について、思想的に深めていく必要がある。

第３節は、民衆の思考、運動を結ぶものとしての共生主義を説明する。共生主義とは、人間が、人間同士、また人間と自然の関係について、互いにケアし、協同で暮らしていくための作法といってもよい。共生とは、人類が一つの共同体であることを認識し、人間が共通の社会性を持つことを重視し、さらに個人を尊重し、反対のための反対を慎み、社会の創造性を進めていく生活様式、思考のまとまりである。

第４節は、共生の原理を進めるために考慮しなければならない四点を考察する。

第一に、中庸な生き方である。これは、自分の驕り、増長を戒め、汚職や腐敗に敏感である生き方と言ってもよい。私たちは、道徳的考慮を念頭に置いて自分の生を見直していく必要がある。

第二に、共生原理を活かしていく政治制度（貧富や格差の是正、基本的人権の実現など、社会的公正と住民参加を重視する政治的考慮）をさぐり、実現していく。

第三に、人間が自然を支配するのではなく、自然の一部であり、自然との間に交感関係を持つことを認識し、そうした認識に従って行動する。これはエコロジー考慮と言ってよいが、同時にわれわれの将来世代に対する責任を自覚することでもある。

第四に、物質的・金銭的な富を万能とするのではなく、富、幸福、善い生活(well-being)[9]のバランス、また、そのようなバランスを実現するための市場・公共・非営利経済のミックスを考える。これは経済的考慮である。

第5節はまとめとして、これまでの現状認識と変化のために必要な手段の検討を踏まえて、いかなる行動が必要かを議論する。グローバリゼーションのもとで軍事化、マネー経済化、物質優先主義、科学技術万能思想、民主主義の腐敗を進める巨大権力と対峙していることを認識し、権力者が広める成長幻想の虚妄性を暴露しつつ、世界的な人間共同体に属するという感情、人間の五感、社会の絆を養う必要があることを指摘する。グローバリゼーションのもとで進行する社会格差の是正、貧困対策、地域活性化、環境・資源保全、失業への取り組み、生活条件の改善が、その出発点となる。

以上が「共生主義宣言」の内容である。

ここから、「共生主義宣言」がどのような時代的・社会的背景のもとで生まれたかがわかる。それは、近現代世界システムの行き詰まりと、人間の生活条件の悪化、そして最終的には地球の破滅までをも視野に入れた、あり得べき破綻シナリオに、危機感を強めている人びとによって起草されたのである。共生主義を推し進める原動力として、こうした危機感を共有し、政府や経済の行き詰まりを市民社会の手によって打開しようと考える人びと、経済成長に寄りかかることを危険と考え、新しい豊かさを求めようとする人びと、広く非営利経済、社会的連帯経済、地域おこしの実践に関わる行政、企業、団体や人びとが考えられる。

共生主義は、債務悪化に悩む政府、巨大化し多国籍化する大企業、マネー経済化を推し進めつつ自らバブルの罠に落ち込んでいる大規模金融機関などを批判する視点を提供する。それは同時に、これらの社会格差を拡大し、人間環境を悪化させていく大量生産・大量消費経済の上に安住して、事態の悪化に一役買っている自分自身を省みる視点につながる。宣言の２〜４節は、危機解決の方策として、人びとの価値観の変化を政治的・エコロジー的・経済的変化と結びつけていくことを訴えている。

共生主義は、フランスにおいては、従来の社会運動の線上に立ちながら、社会的連帯経済、脱成長などの非営利要因の強調によって、現行のシステムを見直していく可能性を主張する思想運動である。このことについては、すでに述べた。だが、共生主義が従来の社会的連帯経済、脱成長論からさらに大きく踏み出している点を指摘しておこう。それは、資本主義のシステム的危機からの出口を考えるにあたり、単に経済や社会運動ばかりでなく、文化的要因と倫理的側面に注意を払っていることである。

この文化的・倫理的批判についても、イリイチの思想を見るのがわかりやすい。それは、なぜ近年イリイチの思想が復権してきたか、についての立ち入った検討とも重なる。

4 世界を文化的・倫理的視点から読み解く

イリイチはカトリック教会の内部で、人を操る言葉の魔術と格闘してきた[10]。彼は、近代的な開発が、しばしば世界で普遍的に存在してきたヴァナキュラーな価値（自然＝大地に根ざした自立と自存を保障する実体的価値、英語ではsubsistence）の世界をこわし、人びとの他者依存性を高め、モノの交換価値を万能視する制度によって支配される世界へと転換させてきた、と指摘する。こうした世界を産業主義がつくり出した「シャドウ・ワーク」の世界と呼ぶ（Illich 1981）。この世界では、人びとは、モノを支配するマネーに追われて、ますます自分自身を見失い、自律、さらに人間同士の共生の基盤を失っていくと言う。この主張から、彼はしばしば中世世界への復古主義者と決めつけられ、その仕事は先進諸国の学界でも無視されてきた。

イリイチはオーストリア生まれだが、長年米国やプエルトリコで教会活動に携わり、ラテンアメリカの「解放の神学」[11]の影響を受けて、メキシコのクエルナバカの研究機関で研究活動を行った。彼の議論は南の世界の思想潮流を受け、一九七〇年前後に、近代世界秩序の動揺が間もなくベトナム戦争や石油ショックにより明らかになる時点で、いち早く近現代世界のあり方が人間性を踏みにじるものとして、批判的な視点を提起したのである。それは同時に、「ポスト産業主義」の世界構想の提示でもある。

イリイチの主張はしばしば誤解されるが、単に復古主義的なものではない。近代世界が動揺を始めた時点で、ポスト近代の世界秩序で、人間と制度（道具）と共同性の関連を問いただすものである（Illich 1981, 1973）。彼は、近代世界では、人間が道具に支配され、振り回され、自律性を失っており、人間が人間らしさを取り戻すカギは共同性の回復にある、と考えた。ここに、第三世界、ラテンアメリカの影響が見てとれる。

近代世界の特徴として、イリイチが指摘した二つの重要な点がある。

ひとつは、近代世界はシャドウ・ワークなくしては成立しなかったということである。つまり、賃労働世界を支える家事労働、無償労働、男性のフォーマル世界を支える女性のインフォーマル世界、北の世界の繁栄を支える南の世界の貧困……。富や権勢が貧困をつくり出す近代世界のからくりを見抜くためには、ひとたび近代世界の思想構造から抜け出て、これを客観視する文化的な視点が必要である。

もうひとつは、大規模生産、機械文明、巨大エネルギーに支えられる近代社会では必ず、こうした巨大科学技術、生産システムを少数の人びとが独占し、技術官僚層、富裕層と一般民衆、貧困層の格差が拡大し、社会的公正、正義の問題がクローズアップされる、と指摘したことである（Illich 1974）。つまり、「自由と平等」を掲げる近代世界は、そのじつ社会分裂を進め、貧困を拡大し、社会の持続可能性を損ない、平和を脅かす点で、倫理的に支持できない。

イリイチの問題提起から四〇余年を経て、ようやく近年「格差」問題が学問的にもマスコミにも、クローズアップされてきた。また、『ハンガー・ゲーム』(二〇一二年)、『エリジウム』(二〇一三年)、二〇一六年にアカデミー賞の六部門を受賞して話題を呼んだ『マッドマックス 怒りのデス・ロード』など、格差が生み出す恐怖の未来世界像を扱ったハリウッドSF映画が続々とつくられている。これらは、イリイチの先見性を物語るだろう。

イリイチの仕事はポスト産業主義時代の入り口で行われた。それからほぼ半世紀、この間に、南北の力関係の変化、人びとの生活や雇用をますます不安定化させるグローバル経済の進展、IT、IOT(モノのインターネット)、AI(人工知能)、遺伝子操作など生命倫理を問う諸科学・化学の進歩、経済のマネー化による莫大な投機資金の横行、さらに生活の質や人間の安全保障に関心を深める人びとの価値観の変化などが起こっている。

これらの変化を考慮したうえで、ポスト産業主義時代にどのような道筋をつけるか、また、性急な文明の衝突論を克服して、人類破滅へとひた走る近現代文明から、より平和な世界への出口をどう求めるかが、問われるようになった。共生主義は、こうした議論の先鞭をつける思想運動と言える。

フォーマル(正規)ワークとシャドウ(非正規・無償)ワークの分裂、貧富の格差と人間の管理化の克服、戦争や紛争、災害の増大の危機……。これらを直視することこそが、ポスト産業主義時代を構想する焦点となるだろう。その際イリイチは、共同性の回復が、制度による人間の支配を転換させ、人間がつくり出した道具や制度をコンヴィヴィアル（自立共生）の方向に変えていくカギとなる、と予言していた。

グローバル化が善きにせよ悪しきにせよ、私たちの生活の多くの部分に浸透している今日、共生主義は、人間、制度、共同性間の関係を問いただし、行き詰まった近代世界システムからの転換の方向を考えるために提起されたと言える。その意味で共生主義は、西欧近代を特徴づけてきた社会科学における個人主義、経済主義、合理主義、効率と競争主義を批判する運動であり、「脱成長」（経済成長にこだわらない思考）の次の段階を構想する文化運動であると言ってよい。

それはまた、「客観性」を主張する科学が忘れてきた倫理的な視点（人間と人間コミュニティを重視する思考）を復権する動きでもある。すなわち、共生主義は人びとの倫理の観点から既存の学問を問い返す運動にほかならない。

共生主義をこのような役割を持つ思想運動として考えるとき、ポスト成長期の先進世界にとっては、「新型の経済」――市場と政府にとどまらず、人びとの社会的つながりや非営利活動や参加行動を重視する経済社会ミックス――や、そこでの諸社会アクターの連携、そこに生まれる地域の自律性の回復、これらに新しい豊かさを見出していく視点につながるだろう。すでに、ポスト九・一一の米国やポスト三・一一の日本では、そうした例が数多く観察される。本書に収録した日本の数例は、そのごく一端にすぎない。読者はこれらの実例から、似たような実践が自分の周囲に豊富に見出されることを理解するだろう。

さらに、二〇一〇年代にポスト成長期の先進世界で提起された共生主義は、アジア、アフリカやラテンアメリカといった非西欧地域にも妥当することについて、一言述べておきたい。

近代世界で「植民地化」していたこれら非西欧地域の国ぐにの多くは、いまでは「新興国」として、巨大な貧富の格差を生んでいるグローバル市場世界に急激な勢いで突入しつつある。もともと非西欧地域、近現代世界システムの周辺地域に根強く脈打つ共同性を踏まえた内発的な智慧と思考が、イリイチのコンヴィヴィアリスムの基盤を提供した。同様に、共生主義の思考は今後、貧富の格差が急速に拡大し、環境破壊と災害と資源をはじめとするコモンズ（人類共同の資産）をめぐる民族・宗教を装った諸社会集団間の紛争に多くの人びと、地域が引き裂かれている南の世界でも、真剣に受けとめられていくだろう。

すでに、革命後の中米諸国やポスト・アパルトヘイトの南アフリカ共和国、民族紛争後のルワンダやリベリアなどのアフリカ諸国、独立後の東ティモールなどで現れている民族和解の実践は、伝統的智慧に基づく共生の思考そのものと言ってよい。そして注目すべきは、グローバリゼーションの進展により、先進地域・非西欧地域双方で社会の両極化が進み、名実ともにグローバル世界が形成されるなかで、非西欧地域発の共生主義文化が先進定常経済地域にも影響を及ぼしていくだろうことである。ただし、本章ではこの興味深い近未来地球での共生主義文化の可能性（さもなくば人類文明の絶滅可能性）については、これ以上は立ち入らない。

共生主義は南北双方で、地域レベルの自律性の回復、非営利経済の芽吹きと着実な拡大に支えられている。これら市民経済の進展から政府や多国籍企業の恣意的な行動をチェックし、市場万能のグローバリゼーションを通じて腐食しがちな民主主義の思考と慣行を回復させる動きが強まってくる。

共生主義は、グローバリゼーションの袋小路（世界的な南北・階層格差の拡大、貧困、紛争や生態系変化、災害、テロなど非平和状況の増大）に突き当たった世界に対して、グローバルな規模での智慧による学問革新、それを通じての時代革新を呼びかける文化運動であることを確認しておきたい。この文化運動は同時に、効率と合理性万能、人間も含めたすべてを商品化しモノ化するグローバル市場世界の行き先に警告を発する、倫理的な批判運動でもあるのだ。

5　「共生主義宣言」の意義
――社会科学における倫理性の再建を通じた近現代的世界観の転回

「共生主義宣言」は、現行の資本蓄積優先体制が社会的・環境的要因から行き詰まった時点で、システム破綻に備え、新しい豊かさを追求する市民社会の多様な実践を統合する試みとして現れた。その意味で、従来の非営利経済、社会的連帯経済、持続可能な発展、脱成長などの新しい時代の社会経済構想の延長線上にある。また、フランスにおける社会的連帯経済の制度化、ヨーロッパ諸地域の地域・地場経済の変化と発展を踏まえた非営利経済・公共政策のドッキング、これらの線上で次の経済社会の形成、民主主義の実体化、ポスト成長時代に社会の新たな発展を目指す思想形成の文化運動でもある。

加えて、総論にとどまらず、個人の知足(足るを知る)、自己(我)抑制、集団倫理、社会的公正といった道徳的要因を強調する点にも特色がある。自分の欲望を抑えて、社会的公正と節度ある中庸な社会を実現するという思考は、近代市民革命以降の西欧ではほとんど忘れられてきた。この宣言には、個人が自分を律するところから新しい社会関係形成の道が開かれるという、西欧ではきわめて新鮮な考え方が読みとれる。

日本で行われた前述のシンポジウムで、コンヴィヴィアリティの概念が成長主義に対する代案として初めて提示された経緯にも見られるように、そこには日本、アジアの文化の影響も読みとれる。西欧近現代社会がその危機に際して、長年その周辺に置いてきた非西欧地域の智慧のグローバル投入を求めたと解釈することもできよう。それは同時に、西欧起源の社会科学主流では無視されてきた、学問における倫理性を再建し、近現代社会の私利と資本蓄積、モノ優先の世界像を転回する動きでもある。

とはいえ、「共生主義宣言」は決してまとまった体系ではない。現代世界の危機に際して、新しい社会関係形成の方向への議論の口火を切ったにとどまる。だから、「宣言」が示した方向についても、すぐいくつかの課題を思い浮かべることができよう。

たとえば、個人の知足というと、「欲しがりません、勝つまでは」のような全体主義日本のスローガンを思い起こす人も多いだろう。西欧社会で実現してきた個人の人権と、非西欧社会における共同体倫理を踏まえた人間の尊厳を、どう調和させていくか。

今日まで、この調和は、国際人権規約に民族自決権や女性の人権などの集団的人権を重要人権として含め、国際人権概念を豊かにする形で実現してきた。「共生主義宣言」でも、アンデス諸国憲法の「ブエン・ヴィヴィール」[12]（コミュニティとして善く生きる）や自然の権利（「パチャママ」[13]）、コモンズ（社会が共同で管理する資産）など、非西欧地域の価値観を取り入れている。

だが同時に、非西欧社会では、日本も含めて、共同体はしばしば個人を束縛する象徴とも捉えられがちである。集団的人権を誰が解釈するか、草の根民主主義でどう対話と熟議を保障していくか、集団的役職の透明性をどう守るかについても、課題が存在する。個人とベストな共同社会の民主主義的な兼ね合いはどのようなものか。

また、システム自体を見直す見地からすれば、公共政策を動かす権力体（政府）、多国籍化しつつある巨大企業と市民社会の関係についても、さらに議論が必要である。政府や企業はそれ自体、市民社会と対立するものではなく、市民社会が構成する社会的制度である。本来民主的制度が機能していれば、三者の望ましい関係が実現するはずだが、生産が巨大化する時代には、多国籍化した大企業の脱税と不正・腐敗、ロボットやＩＯＴやＡＩの導入による雇用合理化、人権や環境の蹂躙などが目立ってくる。政府と大企業の結びつきによる民主主義の腐食も進行しがちである。

こうした時代には、政府はバブル資金をばら撒いて国民の目をくらまし、中央集権的経済システムの維持に努める。先進国政府がどこでも直面している、財政赤字の市民や将来世代への転嫁をどう解決していくのか。先行き不透明な時代にどう政府、大企業、市民社会間の望ましい民主的な関係を再構築していくか。

その一方で、フランスでも日本でも、進行する地域格差と地方過疎化の時代に、住民参加を重視して新たな活力を獲得している地方自治体の豊富な実例が存在する。本書でもその一端を紹介したとおりである。

現在の中央集権的経済システムによる成長優先路線、それを維持するバブル資金のばら撒きは、経済の不安定化につながり、決して長続きしないだろう。ポスト成長期に備えるためには、身のまわりの地域自立、循環型経済社会形成の多くの事例を収集して、オルタナティブを指向する経済・社会・文化のあり方を紡ぎ出していく努力が必要だろう。こうした努力をとおして、市民社会、地域社会のモラルと実力を強めていくことこそ、資本主義経済が直面する来るべき危機への最良の備えである。

今日、欧米ではグローバル化の不安、また難民の流入とともに、異民族排撃の右翼が台頭してきた。日本でも、グローバル化や中国の勢力拡大への不安がナショナリズムを鼓吹する政治家を担ぎ上げている。近年のヘイトスピーチの横行は、欧州のネオナチ台頭への悪乗りだろうか。それとも、東アジアの力関係変化への焦燥感からだろうか。私たちが国家関係に踊らされやすいという意味で、真の自律の地平に立ち得ていないことを痛感する。

いずれにしても、これらは共生思考にとって大きな試練である。民族差別や不寛容な社会的雰囲気の高まりは、自己の社会内部の不均衡（格差の拡大や社会的不安）に根ざしていることは、ファシズムや軍国主義の歴史が教えるとおりである。このような時代に、人権の普遍性と人間の尊厳、そして共生文化をどう進めるかは、私たちが平和な生活を取り戻すうえで切実な課題であろう。こうした方向に向けて、第2章では「共生主義宣言」の全訳を紹介していく。

（1）大柳満之編（二〇〇九）は、「願共諸衆生　往生安楽国」という善導『往生礼賛』（七世紀）の句を引いている。なお、日本仏教学会編（一九九九）は、原始仏教から大乗仏教の各流派に至るまで共生の思想がどう扱われてきたかについて、網羅的な検討を行っている。

（2）同書の英文タイトルは“Reframing Society–Conviviality, Not Growth”とされ、その第Ⅱ部を「コンヴィヴィアリズムが拓く世界」と題して、資本主義でもなく中央集権的社会主義でもない共生社会像の素描を示した。シンポジウムのフランス側出席者たちは、Caillé, A. et al（2011）で共生社会像をある程度まとめ、そこから共生主義宣言へと至ったのである。

（3）イリイチ自身が引いているフランス語の原語convivialitéは、一九世紀初めのブリア＝サヴァランの著書『味覚の生理学』（邦訳題名は『美味礼賛』）で用いられたconvivialという形容詞に発する。これは、親しい人びとが食卓を囲み、至福の時間を分かち合う情景を指す。人間の自律性、共通の感情を他者と分かち合うことによる幸福の創造、個人が後景に退く節度ある人生の態度と関連した言葉で、英語の「宴会気分」の意味とは異なる、とイリイチは述べている(Illich 1973「はじめに」)。

（4）日本では、協同組合経営研究所の理事長を長年務め、日本有機農業研究会を設立した一楽照雄が「自立・互助」の思想を提起している(一楽照雄伝刊行会 一九九六)。一楽は個人の自立を踏まえた互助、協同(提携)が「共存、共生」の基盤であると考えた。これは共生主義そのものと言える。なお、本書第6章を参照。

（5）筆者もこの宣言に署名した。その理由は次の二つである。ひとつは、ヨーロッパ先進社会を調べ、ポスト成長の時代の発展パラダイムが何かを考えていたが、本宣言は「脱」成長の後の経済社会像について基本的な考え方を呈示しているからである。ポスト資本主義危機の社会経済像を掘り下げていく際に、よき出発点となり得る。もうひとつは、ドル覇権を背景としたモノとカネのグローバリゼーションの奔流に対して、西欧個人主義文明を一歩踏み出し、非西欧地域の文化インプットをも踏まえ、人間とコミュニティを重視した倫理的アプローチを提起したところが新鮮だったからである。これらの点に関心を持つ人なら誰でも、とりつきやすいアプローチであろう。なお、英語圏でも同じような動きが起こっており、米国の著述家リフキンはこれを「共感文明」(empathic civilization)と呼んだ(Rifkin 2010)。ただし、共生が社会の中での人間関係の位置づけを基本として環境と人間の関係に目配りしているのに対し、共感は個人の能動的行為に基づいており、アングロサクソン文明の世界観の特徴を示している。この二つの概念の異同については、別稿にゆずりたい。イリイチの共生思想は、機械文明、道具と人間主体が転倒した技術文明を批判したが、イリイチに先立って、米国の思想家ルイス・マンフォードが『機械の神話』(一九六七～七〇年)で、機械・技術文明の深層が人間と対立する権力機構によって動かされていることを指摘していたことにも、注意を払っておきたい。マンフォードは同書で、機械・技術が人間を圧倒するに至った非人間的な現代文明を批判しつつ、巨大機械優先の思考が「権力のペンタゴン」(所有権 property、生産性 productivity、利潤 profit、マネー力 money power、宣伝 publicity の五Ｐに表される権力体 political power)に基づいていることを指摘した。マンフォードのアプローチは、資本主義文明が権力メカニズムによって動かされていることをよく示しているが、環境との関係は示していない。

(6) 社会的経済(économie sociale)は、協同組合、共済組合、市民・住民・地域団体などの非営利部門を指す。フランスでも日本でも、所得や雇用の一割前後を占めると考えられる。連帯経済(économie solidaire)は、グローバリゼーション下で周辺化した住民たちの自助、共助およびこれらを支える公共政策を指す(西川 二〇一一)。フランスでは、社会的経済と連帯経済を統合する「社会的連帯経済」(économie sociale et solidaire)形成の試みが進んでいる。両者を統合するカギとしては、次の三点が挙げられよう。①生産、消費、金融における倫理性(利潤のみを行動の目的とするのではなく、人権・人間の尊厳を重視することによって、持続可能な発展との整合性を図る)、②地域経済循環の形成による地域自立、③これらを進めるため、公共政策へ市民・住民が参加して自律性を高める。

(7) なお、以下の「宣言」内容の要約は原文に従っているので、第2章の訳と必ずしも一致しない部分があることをお断りしておきたい。

(8) スピリチュアリティとは、単なる精神性(肉体に対する)ではなく、宗教的経験とも結びつき、自分と他者、自分と世界、自分と宇宙、自分と神(形而上的存在)などとの交感に根ざす、自分を越えた一体性にひたる感覚と言ってよいだろう。

(9) 従来のＧＤＰが幸福をもたらすという見方に代わり、近年ＯＥＣＤなどの場で出されている、多面的な指標により生活の質の到達度を示す概念である。スティグリッツほか(二〇一二)参照。

（10）この苦闘は、彼の「遺書」とも言える『生きる希望』（Illich 2005）で詳しく述べられている。

（11）一九五〇年代後半ころからラテンアメリカで、貧困大衆と接触する現場の聖職者たちによって、キリストの福音は社会的抑圧や貧困の問題と闘うことにあるとして、カトリック教会が避けてきた社会的正義や人権の問題を正面から提起する考え方が出され、各地に広がっていく。「解放の神学」と呼ばれるこの聖職者たちの運動は、民衆の目線に立って聖書を解釈し、ラテンアメリカ各地を支配する寡頭層に対する民衆運動、革命運動に共感を寄せた。寡頭支配層は多国籍企業と手を組み、バナナ、コーヒー、小麦、食肉などの食料や銅、木材などの原料を飢えた大陸から富裕な北米、ヨーロッパに輸出し、国内では軍の銃剣と暴力によって、経済のグローバル化に抵抗する民衆を弾圧していたのである。ラテンアメリカは一九八〇～九〇年代に経済のグローバル化が持ち込んだ新自由主義の実験場と化し、貧富の格差がさらに激化した。それに対する反発は大きく、一九九〇年代以降は反米主義も高まって、多くの国で軍事独裁、権威主義政権が倒れ、下層階級・先住民の政治参加や政権の民主化、左派・中道左派による政権掌握が進んだ。この変化の思想的素地として、民衆運動に正統性を与えた解放の神学が果たした役割は大きい。解放の神学の代表的な著書の邦訳としては、G・グティエレスの『解放の神学』（関望・山田経三訳、岩波書店、一九八五年）がある。

（12）buen vivir アンデス諸国の民衆運動が市場経済への対案として提起している共同体倫理を基礎とした対抗経済。

（13）pachamama アンデスの先住民に信仰される大地母神。自然との共生、環境保全を重視する思考。

［参考文献］

一楽照雄伝刊行会（一九九六）『暗夜に種を播く如く——一楽照雄伝』一楽照雄伝刊行会。

大場真（二〇〇八）「自然共生という思想」『国環研ニュース』二七巻二号。

大柳満之編（二〇〇九）『仏教の共生思想と科学技術』丸善出版。

勝俣誠／マルク・アンベール編著（二〇一一）『脱成長の道——分かち合いの社会を創る』コモンズ。

栗原康（一九九八）『共生の生態学』岩波新書。

ジョセフ・E・スティグリッツほか著、福島清彦訳（二〇一二）『暮らしの質を測る——経済成長率を超える幸福度指標の提案』金融財政事情研究会。

西川潤（二〇一一）『グローバル化を超えて——脱成長期日本の選択』日本経済新聞出版社。

日本仏教学会編（一九九九）『仏教における共生の思想』平楽寺書店。

ルイス・マンフォード（一九六七〜七〇）『機械の神話１、２』河出書房新社。

Càillé, A. et al.（2011）. De la convivialité. Dialogues sur la société conviviale á venir, La Découverte.

Collectif（2013）. *Manifeste Convivialiste. Déclaration d'interdépendance*, Paris: Le Bord de l'Eau.

Gide, Ch.（2001）. *Coopération et économie sociale 1886–1902*, Paris: L'Harmattan/Comité pour l'édition des œuvres de Charles Gide.

Humbert, M.（2013）. *Vers une civilisation de convivialité*, Paris: Goater（英語版論文は "Conviviality. A Choice of Civilization", paper to be published in 2016）.

Illich, I.（2005）. *The Rivers North of the Future: The Testament of Ivan Illich as told to David Cayley*（臼井隆一郎訳（二〇〇六）『生きる希望——イバン・イリイチの遺言』藤原書店）.

Illich, I.（1981）. *Shadow Work*, London: Marion Boyars Pub., Ltd.（玉野井芳郎・栗原彬訳）（一九九〇）

『シャドウ・ワーク――生活のあり方を問う』岩波同時代ライブラリー)
Illich, I.(1974). *Energy and Equity*, Calder & Boyars(大久保直幹訳(一九七九)『エネルギーと公正』昌文社、に収録).
Illich, I.(1973). *Tools for conviviality*(渡辺京二・渡辺梨佐訳(二〇一五)『コンヴィヴィアリティのための道具』ちくま学芸文庫).
La revue de MAUSS No.43(2014)《Du convivialisme comme volonté et comme espérance》, Paris: La Découverte.
Rifkin, J.(2010). *The Empathic Civilization*, New York: J.P. Tarcher Inc.

[Internet source]

共生主義宣言ホームページ：http://www.lesconvivialistes.org/
内閣府共生社会政策担当ホームページ：http://www8.cao.go.jp/souki/
フランス政府商業・手工業・消費・社会的連帯経済省ホームページ：http://www.economie.gouv.fr/ess-economie-sociale-solidaire

第2章　共生主義宣言——相互依存宣言

アンベール－雨宮裕子訳

この冊子は、この一年半、フランス語で執筆する約四〇人が集まって議論してきたことを、とりあえずまとめたものである。メンバーたちは、もうひとつの可能な世界の概観を描き出そうとする、さまざまな思考潮流や活動を代表している。アラン・カイエが書き上げた草稿に約二〇人の国際的な賛同者があり、新たなメンバーとなった(1)。草稿には、次々に多くの手直しが加えられたが、ここで紹介するのは参加者の大まかな合意が得られた文案である。言うまでもなく、文案のすべてに賛同しているメンバーは一人もいない。一方、オルタナティヴな思考に幅広く通底するものをすくい上げて、見える形にしたほうがいいという点では、全員が一致している。

実際のところ、「共生主義宣言」の一番の長所とわれわれが確信したのは、自分たちの変化である。いつもなら、多くの点で意見を異にするメンバーたちが、違いよりもまず共通点を前面に出し、どのような領域で、どのような立場から、共通点を発展させたり深められたりできるかを、お互いに示すことができた。

すでに寄せられているさまざまな支援や、この冊子が出版される以前からの多くの翻訳の申し出に鑑みるなら、この「共生主義宣言」は生まれるべくして生まれたと言っても過言ではないだろう。少なくとも、支持者を増やして力を蓄えられれば、世界の異常な現況にしっかり対抗できる。

ここで述べられている考えは、特定の人物に帰するわけではない。内容をより豊かにするなり、反論をするなり、次の展開は読者の手に委ねられている。「共生主義宣言」の主要な点に賛同の意を表明したい読者や、その後の展開を知りたい読者は、「共生主義」運動のホームページ（7ページ参照）へアクセスをされたい。

はじめに

人類が今日ほど、物質的資源と科学技術の力を手にしたことはなかった。総体的に見て、人類は、過去何世紀かの人びとが想像さえできないほど物に恵まれ、かつ力を持つようになっている。それで、人類が以前より幸福になったとは言えないにせよ、昔に戻りたいと思う者がいないのは事実だ。なぜなら、明日がより新しい可能性に開かれていることを、誰もが日々実感しているからである。個人の自己実現や集団の目指すところを進化が可能にしてくれると、誰もが信じているからである。

しかし、人類がこのまま永遠に力を積み上げていけると信じる者もいないだろう。なぜなら、技術的進歩があり続けるという前提に立った場合、その論理が自滅に至らず、人類の物理的・倫理的生存を脅かすこともないと考えるのは、不可能だからである。現に、起こるかもしれない危機の予兆は、日々より明確に、より深刻になっているではないか。はっきり言えないのは、当面何が一番危険なのか、もっとも急を要するのは何か、ということぐらいである。もし、われわれがここに示す展望の実現を本当に願うなら、危機感を忘れず、対策が急務であることを常に意識していなければならない。

現存する危機

いま世界を脅かしている危機を列挙してみよう。

地球の温暖化と、それが引き起こすであろう大災害や大規模な民族移動。

取り返しがつかなくなるほど、なし崩しにされるエコシステム。北京やメキシコシティに見られるように、多くの大都市においてますます空気を呼吸しがたくしている大気汚染。

チェルノブイリや福島をはるかに超える規模になるであろう原子力災害。

人類の発展を支えた、エネルギー資源(石油、ガス)や鉱物や食糧の欠乏。その資源を手に入れるために起こるであろう戦争。

失業と疎外と貧困。世界の各地に、恒常的に見られたり、新たに現れたり、増大したり、後退したりしている問題だが、とりわけ気がかりなのは、繁栄が約束されていたはずの古いヨーロッパの場合。

世界中に見られる、最富裕層と最貧困層との間の行き過ぎた格差。貧富の差が拡大すれば、絶えざる争いの火種となり、ひいては独裁政治の形成を促す。なぜなら、少数の独裁者にとって、民主主義的規範の尊重など、言葉のうえではともかく、どうでもいいことだからである。

従来の政治体制がどこでも破綻していること。あるいは、新しい体制を形成できないために、市民、部族、民族の間で繰り返される内戦。

国家間の大戦のぶり返しの兆し。かつてのどの世界大戦よりも、確実により多くの犠牲を生むことになろう。

世界中に拡大する無差別テロで、弱者が強者へ向けてふるう暴力。

不安感の増大。社会や環境に対して、そして市民の間に広まる不安感は、過度な安全を主張するイデオロギーに結びつく。

凶悪化するマフィアと隠れた犯罪組織の増加。

マフィアや犯罪組織と、税金天国や金利・投機の大型金融との間の、広範で不穏なつながり。

あらゆる政治決定に介入し、その影響を増大させ続ける、金利・投機の大型金融。

現存する希望

逆に、これらの危機をすべて回避できたとしよう。すると、そこに立ち現れるのは、希望に満ちあふれた世界である。一人ひとりが充実した生き方を求め、集団が目標達成を目指せる世界が、そこに開けている。例を挙げてみよう。

たとえば、民主主義の原則が世界中で確立されるだろう。一九八九年にベルリンの壁が崩壊したとき、民主主義の原則の世界的勝利と考えた人びとがいた。だが、現実には、民主主義への道のりは、はるかに長く、複雑な状況にある。民主主義が、金利と投機の資本主義に道を開き、本来の原則と魅力を空洞化させてしまったからである。だが、民主主義の原則が忘れられたわけではない。民主主義を掲げて、世界中で人びとが立ち上がっているではないか。たとえば、アラブの春が一例だ。[2] たとえ未完で曖昧であったとしても、人びとは民主主義の名のもとに蜂起している。

あらゆる独裁権力、腐敗権力と決別することが実際に可能になるだろう。その推進力となるのは、何よりも基本的な民主主義の経験の積み重ねと、情報の時間をかけた伝達である。

植民地時代が終わり、西欧中心主義が衰退するだろう。それによって、さまざまな文明間で真の対話が可能になり、新しい普遍主義時代が幕を開ける。ここでいう普遍主義とは、多様な意見を反映させた普遍主義、いわば多元的普遍主義を意味する。この多元的普遍主義は、男女の平等な権利と均等な参画が認められて初めて成立する。

市民参加の環境問題への取り組みが広がるだろう。グローバルな環境認識の視点に立って、市民が参加したり監査したりする新しい意思表明の形が、環境問題を考える市民の取り組みのなかに生まれる。こうして公開討論の場で、〈よりよく生きる〉〈発展〉〈成長〉などについての議論が交わされていく。

情報コミュニケーション技術の幅広い活用が推進されるだろう。情報技術は、さまざまな分野で創造の可能性や自己実現の可能性を大きく広げている。芸術に限らず、知識、教育、健康の分野にも恩恵は広く行きわたる。情報技術の拡充で、住民は自治体の政治に参加したり、スポーツに参加したりできるだけでなく、世界中の人びとと交流できるようになる。

ウィキペディアとLinux（リナックス）の例も挙げておこう。この二つは、知識と実践の共有と創意工夫が、どれだけ豊かで幅広い実践を可能にするかを示している。

農産物の流通で、「環境に配慮のある取り組みへの転換」が可能になるだろう。中央市場に組み込まれない、地域独自の産消提携が普及する。環境に負荷をかけない流通は連帯経済の一環として取り組まれており、実践の場で、とりわけ女性たちの貢献がものをいっている。

飢餓と貧困の根絶への道が開けるだろう。そのためには、いまある物的資源のより公正な分配と、北と南の関係者たちの新たな友好関係の形成が不可欠である。

1　最大の挑戦

豊かな世界の展望を、どうすれば実現できるのだろうか。それにはまず、われわれを苦しめているあらゆる種類の脅威に、自らがしっかり立ち向かうことである。主要な脅威は、主に物質、技術、環境、そして経済に関連したエントロピーの脅威である。これらの脅威は、問題がどれほど大きくても、対策は見つけられるはずである。ところが、それがうまくいかない。

多くの場合、危機的状況が誰の目にも明らかに見える状況にはなっていないからである。全体をはっきりと捉えがたい危機や、終局が見えない危機に対して、人びとを動かすのは難しい。未来への倫理を説くぐらいしか方策はないのだから。しかし、さらに深刻なのは、どう取り組めばいいのか、対策を見出すことすらできない脅威があることだ。それは、倫理と政治に関わる脅威である。これは、まさに人類の生存に関わる脅威と言っていいだろう。

あらゆる脅威の母体

われわれは、明白かつ劇的な結論に立ち向かうしかない。人類は、飛躍的な科学技術の進歩を成しとげたが、自分たちがかかえる本質的な問題を解決できないまま、今日に至っている。本質的な問題というのは、個と個の敵対関係や暴力である。人類は、それを上手に処理する術をいまだ見出せていない。

殺し合いがあってはならない。ただし、意見の違いやライバル意識は、あって当たり前である。ならば、ライバル同士が激論を交わし合っても決して敵対せず、より充実した発展のために協力し合うことこそ望ましい。そんな前向きな競い合い関係を、どうすれば広められるだろうか。また、権力の独占も、あってはならない。

無限に膨らむ欲望は、いまや人類の生存を脅かし、自然を破壊する危機をはらんでさえいる。対策を早急に見出せなければ、人類はやがて滅びるであろう。自らの繁栄に必要なあらゆる物質的条件が整っているというのに。その資源が有限であることを、認識しさえすればいいというのに。

いまある答え

人類がかかえる本質的問題の対処については、これまで十数世紀にわたって築かれてきた、宗教、道徳、政治学、哲学、人文・社会科学などに、さまざまな糸口が見出せる。なかには、セクト主義、道徳至上主義、理想主義などに陥っていて、何ら実効力を持たないものもある。死闘を招きかねないほど過激になっていたり、はたまた、不毛な科学万能論にとどまっていたりするものもある。しかし、これらの知の積み上げのなかに、貴重なヒントが潜んでいる。

そのヒントをできるだけ早くすくい上げて、世界中の誰もがよくわかる方法で、はっきりした形に表そう。人びとの大半は望みを打ち砕かれ、悪化する現状に苦悩したり、疑念をいだいたりしている。同時に、その一人ひとりが、地球を守り、人類を救うために、自分の場所で、自分の持てる力を尽くしたいと願っている。そこへヒントの集大成を早急に届けるのである。

世直しを目指す取り組みは、数限りなくある。数万にのぼる組織やアソシエーション、そして、数千万・数億の人びとによって、いろいろな運動が展開されている。取り組みの名称、形態、適用範囲は千差万別だ。

たとえば、男と女の人権擁護、市民権の擁護、労働者・失業者の権利擁護、子どもの権利擁護を訴える取り組みがある。社会的連帯経済のさまざまな取り組みもある。生産協同組合、消費協同組合、共済制度、フェアトレード、地域・補完通貨、地域社会レベルの取引制度、[3] 相互扶助のためのさまざまなアソシエーションなどもある。公開電子情報システム(Linuxやウィキペディアなど)、脱成長とポスト開発、スローフード、スロータウン、スロー科学の運動もある。

さらに、ブエン・ヴィヴィール声明、自然の権利宣言とパチャママ礼讃、対抗グローバリゼーション、[4] 政治エコロジー、[5] 急進的民主主義、インディグナードス運動、[6] ウォール街占拠運動、[7] 富のオルタナティヴな指標研究、自己変革運動、質素な生活やつましさに豊かさを求める運動、文明間の対話、ケア理論、コモンズの見直しなども、世直し運動の一環である。

これらのきわめて多彩な取り組みを、単なる抗議や一時しのぎに終わらせてはならない。人びとの力とエネルギーを結集させて、いま世界を席巻する自滅への奔流を、共に押し返すのだ。それにはまず、世直し・抗議運動に通底する問題意識を浮かび上がらせ、それを誰の目にもはっきり見える形にする必要がある。

では、何が共通の問題意識なのだろうか。それは、共生主義(この用語を最低限共通する理論基盤を示すために用いる)、つまり共によりよく生きるための道を求めていることである。共生主義とは、人と人とのつながりや協力を大切にして、他者への思いやりと、自然への配慮を忘れない暮らし方を意味する。

共生主義の社会では、個々の異論は認められるが、それが嵩じて殺し合いになることがないよう、あらかじめ危機回避の回路が想定されている。なぜなら、争いはあらゆる社会につきものだからである。個と個、集団と集団の間に対立が生まれない社会を創ろうというのは幻想である。それどころか、有害でさえある。利害と見解の違いは、たとえば、親と子、長男と末っ子、男と女、最富裕層と最下層、最高の権力者と無力の民、幸運な人と不運な人などの間に、いくらでもあるからだ。

人は誰しも、自分の個性を尊重されたいと願っている。それが、強く切実なライバル意識を生むことになる。だが、そのライバル意識には、調和や協力を願う気持ちも含まれている。そのライバル意識や、絶えざる自己実現の希求をよしとするのが、健全な社会のあり方であろう。みんなの欲求を等しく認め、そこに生じる摩擦は、行き過ぎのないように、それぞれの場を配慮しつつ、互いの協力を促す方向へ導いていく。健全な社会とは、こうした社会である。

より広い視野に立つなら、個人、集団、民族、国家、国民のそれぞれのレベルで相互に多様性を認め合い、その多様性が内紛を引き起こさないように配慮するということだ。要は、紛争を死ではなく生のエネルギーとし、ライバル意識を協力へのきっかけにすることである。それが、破壊的暴力を回避する何よりの手立てだ。

人類は文明が開けて以来、「すべての人類が共生するための、倫理的・経済的・政治的かつ環境に配慮のある基盤を求め合ってきた」と考えてみてはどうだろうか。共生の基盤は、いまだ本当には見出されていないか、見出されても、すぐに忘れ去られてしまったのではないだろうか。

共生の基盤は、たとえば神聖観念を軸に、古代から宗教で探求されてきている。道教、ヒンズー教、仏教、儒教、ユダヤ教、キリスト教、イスラム教などの、大きな影響力を持った、ほぼ普遍的と言える宗教をとおしての探求である。また、理性を軸に、あらゆる高名な哲学思想や、非宗教の人道主義的倫理観をとおして、探求されてきている。そして、自由を軸にしては、近代を代表するあらゆる政治思想である、自由主義、社会主義、共産主義、無政府主義などを手掛かりに探求されてきている。

個々の相違は、多かれ少なかれ、どこを強調するかである。自然との関係（環境への配慮）、超自然との関係（宗教）、あるいは物質的充足（経済）について、義務あるいは期待が個人に向けられている（倫理）か、集団に向けられている（政治）かで、違ってくる。また、地域性や文化的尺度の違いによっても変化する。実際のところ、個々の人格と異論を認め合う非殺戮の共生は、数人の集団が対象の場合と、数百万人や数億人が対象の場合とでは、異なる。

2　四つ（加えてもう一つ）の基本的問題

早急に必要なのは、もっとも基本的な共生の理論的基盤の構築である。それは、少なくとも次の四つ（加えてもう一つ）の地球全体に関わる本質的な問題に、くまなく応じられるものでなければならない。

四つ（加えてもう一つ）の基本的問題とは何か

①倫理――個人に許される行為は何か、個人が自制しなければならない行為は何か
②政治――政治団体の正統性とは、どのようなものか
③環境――人が自然から得てよいものは何か、自然に返さなければならないものは何か
④経済――倫理、政治、環境の問題への答えと矛盾せずに、われわれが生産してもよい、物質財の量はどれだけか

宗教あるいはスピリチュアリティの問題（超自然あるいは不可視の世界との関係）をこの四つの問題に加えるかどうかは、各人の自由である。

宗教の観点からであれ、非宗教の観点からであれ、これまで受け継がれてきた主義主張は、どれとして、この四つ（あるいは五つ）の問題に、同時に満足のいく答えを見出しかねている。いま、この世界全体にあてはまる答えを求めようというのは、さらに難しい。よい政治、よい経済、よい環境対策について、時代に応じた教訓を発信するのを宗教は得意としない。

一方、現代の政治思想である自由主義、社会主義、共産主義、無政府主義はどうかというと、倫理や環境の問題についてはは関心がないようで、極端に無口である。イデオロギーはどれも、人と人の争いの原因を、物質財の不足と物欲の満足の困難さに見ている。そして、人は願望ではなく、物欲に生きる存在という前提に立つ。そこから展望が描き出されるので、どのイデオロギーも、経済のかぎりない発展のうえに地上の永遠の平和が実現されるという未来の図にた

どりつく。

しかし、そうした未来は(もはや)あり得ない。なぜなら、人が物質的充足を望めば望むほど、満足をもたらすのと同等かそれ以上に、人びとの争いをかきたてることになるからである。そして、何よりこの未来図には、地球とその自然資源の、いまや明白な有限性が置き去りにされているからである。限りない経済発展については、本質的に望ましいか否かはさておき、それが人間同士の争いを永続的に解決する方策であり得ないことは確かだ。たとえば、年間の平均経済成長率を三・五%とした場合、世界の国民総生産は一世紀の間に三一倍になる。二一〇〇年の世界で、石油やウラニウムやCO_2が現在の三一倍も消費されるなどということが、考えられようか。

思考上の課題

既存の政党や政治組織が、どんどん影響力を失っている。いま世界がかかえる問題を前にしながら、彼らは、より多くの人びとの信頼を得たり、その信頼を維持したりできない。それは、彼らが、理想的民主主義のあり方を示して見せることができないからである。異論や紛争を公正に表明してこそ、民主主義である。ところが、現在の政党や政治組織は、一般的政治見解を支配する次の二大前提を、いまだに断ち切ることができないでいる。それは次の二つだ。

①すべての問題における経済の絶対的優先

②自然資源（あるいはそれに代わる技術）の野放図な消費

この二つが、政府の政策を左右している。そして、この二つを前提にしなければ、権力の座にたどりつくことはできないのである。

いま直面している問題であれ、明日を見越した問題であれ、あらゆる政治組織は昨日と同じ答えを引き出してくるだけである。知的・科学的世界においても状況は同じだ。われわれが関わっている社会科学と政治倫理哲学の領域で、この事実はとりわけ明白である。われわれは、手持ちの論理武装の脆弱さを熟知している。そのうえで、他の領域からの反応があることを期待して、この「共生主義宣言」をまとめる責任を負ったのだ。

一般に新自由主義と呼ばれる体制のもとで、金銭価値が世界を支配し、人のあらゆる活動が商品としての基準か、それとほぼ同様の評価基準にしばられるようになったことを、頭に入れておく必要がある。これは、経済・政治・社会のすべての思考領域で、あらかじめ、革命あるいは反革命的変革があって、その当然の帰結として起こった事態である。

知的反革命は「歴史の終わり(8)」という思考に行き着いた。この思考では、市場原理が、人のあらゆる活動を地球規模で覆い尽くし、民主的秩序が市場原理のためにだけ機能するようになるだろうと予見する。経済学の変化が始まるのは、一九七〇年代からである。それまでの経済学は、人をホモ・エコノミクスに見立てて、財とサービスについて市場で起きていることを解説するだけであった。それが、人の社会的活動の総体について、見解の有効性を広げ始めたのだ。

ホモ・エコノミクスというのは、市場原理の世界で人の行動を捉えるための、一つの前提である。すなわち、人は、独立の人格で他者に関与せず、自分一人が最大の利益を上げることだけを考えている存在という前提に立つ。こうして、すべては金銭的収益、あるいは象徴的な意味での収益の合理的経済性で説明されるようになっていった。要するに、社会科学の他の領域が経済学者に追従していったのである。政治哲学はというと、他者に無関心な「合理的」人間に、法的基準をどう定義し、どう受け入れさせたらいいのかというような問題に、議論の焦点をしぼっていった。

一九八〇年代の初めになると、科学の分野でも、哲学の分野でも、すべてが経済を基軸に発信される社会観と自然観に支配されるようになる。アングロサクソン流の世界観がより多くの国ぐにに広がる傾向が生じ、それまでのあらゆる社会的・政治的統制の仕組みが壊滅して、利益優先の商品経済の仕組みに取って代わられた。商品・市場経済のもとでは、人はもっぱらホモ・エコノミクスとして捉えられ、個人の利益とか、取引とか、ギヴ・アンド・テークとか、契約という言葉が、社会の共通語として広く使われるようになる。

こうして、新しいマネージメント[9]が発達し、世界中にあまねく広まっていった。公共の分野においても、しかりである。仮に、人が自分の仕事に対して、何の「本質的モチベーション」も持っていないとする。義務感や、連帯感や、よい仕事がしたいという気持ちや、創造への欲求などが、ないとする。その状況で人をうまく働かせるには、利益と栄達などの「外的モチベーション」を刺激するしかないだろう。主要な本能的欲望を刺激するのである。こうして、絶えざるベンチマーキング[10]とリポーティング（数字による実績報告）は、コスト削減型管理体制[11]の主要な道具となり、そこで働く人びとのストレスを管理する道具となる。

次から次へ、影響はあらゆる存在領域へ広がっていき、人の心を動かす友情や恋愛感情まで、計算と技術と管理の論理に従うようになった。そして、人生の究極の目的が、いかにたくさんお金を稼ぐかであるなら、金融投機でできるだけ早くそれを実現すればいいではないかという話になる。こうして、投機的金融取引が広まり、取引の収益をより大きくする方策へ、投機の道が開かれていく。その結果が二〇〇八年のサブ・プライム・ローンの危機を引き起こすことになったのだが、いまもって、より強烈で深刻な危機の「ぶり返し」が心配されている。

各人に与えられたもっとも正統で、社会的にも認められる目的が可能なかぎりの富の蓄積であって、誰もがそのために生きているのだとしたら、政治家と金融関係者の深まる結びつきをとおして、世界中に腐敗の空気がくまなく広がっていくのは当たり前だろう。投機のマネーゲームとレント・シーキング[12]は買収や汚職を誘発し、その結果として金銭的癒着関係を生み出すのである。

主流派経済学にも責任がある。それは、本来説明したり、解説したりするはずの世界を、自ら大きく改変してきてしまったことである。彼らが人をホモ・エコノミクスと見立てて、その面ばかりに光を当ててきたので、人のそれ以外の側面が、すっかり抜け落ちてしまった。おまけに、主流派経済学は、自らがその発生に一役買った危機に対して、対策を編み出すことができない。まして、自然資源の有限性を考慮に入れることなど、まったくできはしない。なぜなら、技術革新を前提とする主流派経済学では、枯渇したり、消え尽きてしまう自然資源[13]は、科学や技術によって生み出されるエネルギーにより補完されるものと当初から想定されているからである。

それゆえ、まず第一に取り組まなければならない知的・論理的課題は、経済と経済学をあるべき位置に置き直すことである。経済学については、故意にか無意識にか、主流派がないがしろにしてきた現実の裾野全体に、目を向けるようにさせる必要がある。

次いで、人文・社会科学や道徳哲学、政治哲学の発展を助け、「経済万能」思考に抗する免疫をつくりあげることだ。そして、人はただのホモ・エコノミクスではないことを、誰もが認識できるようにしなければならない。そうすれば、問題の全容が見え、自分が認められたいというごく当たり前の人びとの欲求が理解できるようになる。この認められたいという欲求が、本来そのために人びとが力を注ぐはずの意図や目的をはずれて、よくある権力争いやエゴのぶつかり合いに終わらないようにするには、どうしたらよいのだろうか。

一つの対策は、「ケア」社会[14]を目指すことだろう。みんなが幸福な社会のイメージを共有するのである。そして、他者のための仕事や介護をする人たちを評価する公共政策を発展させることである。ケアや介護や気遣いは、もっぱら女性たちに委ねられてきた。だが、この他者への配慮こそ、人類のすべてに共通する、もっとも基本的な行為ではないだろうか。なぜなら、それこそが、人は一人で生まれてきたのではないこと、相互に依存し合っていることを、如実に物語っているからである。ケアと贈与は、人類の普遍的相互依存を簡明直截に示す行為なのである。

われわれは自然と、そしてまた文化とも、より永続的な関係を考える習慣を身につけなければならない。そうすれば、衝動や短絡的な判断をせず、未来を展望したり、過去を見つめ直したりできるようになる。すべての人類の過去には、かくも豊かで多様性に満ちた文化的伝統がある。新しい人間主義とでも呼べる人類のあり方を創造しよう。それは、先鋭で広がりのある共生の指針で、人類の未来に新しい道を拓くことになろう。

3　共生主義について

共生主義というのは、宗教・非宗教に関わりなく、われわれが探求する原則に有用と思われる既存の主義・主張を一まとめにした名称である。その共通基盤となる考え方を原則と呼ぶ。

共生主義は、「自然資源が有限であることを十分認識し、この世界を大切にする気持ちを分かち合いつつ、競い合ったり協力し合ったりして人類が生きていくには、どのような原則が必要か」を考える。もちろん、われわれはみなこの世界に等しく属しているということを念頭に置く。共生主義は、他の学説を無効にするものでもなければ、すべてをことごとく超越した新しい学説として、全学説のうえに付け加えられるべきものでもない。それは、起こり得る災禍を前に緊迫した気持ちで、疑問を投げかけ合う運動である。共生主義は、受け継がれてき学説のなかから、それぞれもっとも大切な部分を取り込もうと考えている。

「何が一番大切なのか。何が大切かをどう定義し、どう解釈すればいいのか」

こうした問いかけに、もとより唯一絶対の答えなどない。そんな答えはあり得ないし、あってはならない。なぜなら、それは一人ひとりが自分で判断することだからである。とはいえ、さまざまな学説から一つ(あるいは複数)の普遍化できる理念を見出そうとするなら、それに役立つ重要なポイントはあるだろう。もちろん、起こるかもしれない災禍と、楽観的な展開への期待という、二つの相反する未来を想定してのことである。

要は、各学説のなかに、紛争を調停し、暴力化を回避するのに役立つ知恵を見出すことである。限りある資源のもとで、協力関係をつくっていくための知恵を見出すことである。そして、各学説から引き出されたさまざまな答えの意義を認め、その違いを突き合わせたり、意見交換をしたりできるようにする知恵を見出すことである。

引き出された知恵は、実際には、一部地域にしかあてはまらなかったり、情勢への対応でしかなかったりするかもしれない。それでも、ことは急を要するのだ。世界への影響力を考えるなら、共生主義の普遍的原則のおおまかな枠組みを描くだけでも十分であろう。

共生主義には当然、さまざまな派生バージョンが生まれるだろう。なかには、共生主義そのものと相容れないバージョンがあるかもしれない。それは、仏教やイスラム教やキリスト教やユダヤ教や自由主義や社会主義や共産主義など、さまざまな主義主張の実情と同じである。理論は多様であってかまわない。共生主義は、これまで打ち立てられてきた主義主張を否定して成り立つのではないのだから。

一般的考察

唯一の正当な政治とは、人類共同体と、共通の社会性と、個性の尊重、そして、議論を恐れず、共通の論理を求めるという諸原則に則った政治のことである。

①人類共同体の原則

人はすべて人類共同体の一員である。皮膚の色、国籍、言語、文化、宗教、財力、性あるいは性的指向の違いは問わない。その構成員は、等しく人として尊重されなければならない。

②共通の社会性の原則

人は社会的存在である。人にとって最大の豊かさとは、人と人との社会関係の豊かさにほかならない。

③個性尊重の原則

①と②の原則に則った正当な政治とは、各人が個性の確立をよりよく実現できる政治のことである。その政治のもとでは、人は等しく自由な関係を保ちつつ、他者を損なうことなく、自身の可能性と能力を発展させていくことができる。

④議論を恐れず、共通の論理を求める原則

一人ひとりが、自身の個性を伸ばそうと心がけるなら、人と人の間に、摩擦や食い違いが生じるのは当たり前である。その摩擦が共通の社会性を危機に陥れるようなことがないかぎり、問題はない。なぜなら、共通の社会性が、競合心を、破壊をもたらす力ではなく、社会を活性化する力に読み換えてくれるからである。良い政治というのは、このように、人びとの争いを認め、それを調停しつつ、各人が自己確立をしていけるようにする政治のことである。

4　倫理と政治と環境と経済に関する考察

前節の一般的考察を少し詳しく考えてみよう。

倫理的考察

各自が望んでもよいことは何か。それは、すべての人に等しく認められる尊厳であり、世界観に従って良い生活を営むに足る物質的条件を手に入れようとすることである。その際、他者の望みを尊重することを忘れてはならない。また、自分の未来と自分が属する共同体の未来に関わることがらの決定や政治に実際に参加して、他の人たちから感謝されようとするのもいいだろう。

しかし、その望みが度を超えたり、身の程知らずの絶対的権力（ギリシャ人の言う傲慢＝ヒュブリス）志向に陥ったりしてはならない。自分だけはすべてに超越した存在であるかのようにふるまったり、他の人びとの社会生活を危うくするほど資財や権力を独占して、譲らないことがあったりしてはならない。それは、人類共同体の原則を破り、共通の社会性を踏みにじることになるからである。

より具体的に言うなら、人は誰でも汚職や腐敗と闘わなければいけない。わが身に降りかかる腐敗がある。暮らしや、職場や、さまざまな活動の場で、良心がとがめるような行為を、金（あるいは権力や制度上の特権）と引き替えに行ってはいけない。そして、正しいと信ずることや、本質的に望ましいと思われることが、違った方向へ進んでしまうのを拒むことだ。闘わなければならない不正もある。それは、他者の汚職や腐敗の場合だ。どう闘うかは、各人の持つ手立てと、勇気しだいではあるけれど。

政治的考察

世界が単一の国家にまとまる未来が来ると思うのは幻想である。世界の主な統治形態は、これからもずっと、国家（Etat）の集まりのままであろう。その実態は、国民国家であったり、複数民族国家であったり、前国民国家[15]、あるいはポスト国民国家[16]であったりする。ヨーロッパで、新しい形の政治形態[17]が模索されていたり、アソシエーションやNPOなどによる別の形態の政治実践[18]があったりするとしても、この状況に変わりはないであろう。それを踏まえて、共生主義は、あるべき政治形態を展望している。共生主義のもとで国家や政府や新しい政治体制が正しく機能するには、次の条件が必須である。

まず、共生主義の四つの原則である、人類共同体の原則、共通の社会性の原則、個性尊重の原則、議論を恐れず、共通の論理を求める原則を尊重し、そこから導かれる倫理、政治、環境、経済に関する考察が実現することが大切である。四つの原則は、暮らし、政治、経済、社会、文化、環境の分野に関わる権利を広く一般化させるうえで、守られなければならない。

これらの原則は、より大きな視点から、フィラデルフィア宣言（一九四四年に採択されたILO（国際労働機関）憲章（付属書））の第二条「すべての人間は、人種、信条又は性にかかわりなく、自由及び尊厳並びに経済的保障及び機会均等の条件において、物質的福祉及び精神的発展を追求する権利をもつ」に結びつく。良い政治とは、尊厳を重んじる政治のことである。

あるべき国家は、もっとも貧しい市民にも、等しく最低の収入源や所得を何らかの形で保障する。困窮者がさらなる惨状に陥ることがないように配慮するのである。最富裕層については、所得の上限を設定し、持ちすぎを徐々に禁じていく。そうでなければ、人類共同体の原則と共通の社会性の原則が無意味になってしまうからである。富の所有は、かなりのレベルまで認められるかもしれないが、常識（common decency）の範囲を超えてはならない。

あるべき国家は、蓄財と利益が個人のものか、みんなのものか、集団のものか、公共のものかを考慮して、それぞれの間の適正なバランスに気を配る。

あるべき国家は、公共機関と民間企業の関与する場の外で、共同の活動やアソシエーションの活動など、世界的な市民社会の形成につながる活動の拡大を支えていく。国家や国民の内側あるいは外側に広がる、市民参与のさまざまな活動空間では、自治の原則が当たり前になるだろう。

あるべき国家は、たとえばインターネットに代表される、さまざまな情報ネットワークを社会の民主化の強力な道具として認める。情報ネットワークは、民間にも公共機関にもできなかった、人びとの横のつながりを可能にした。あるべき国家は、情報ネットワークを共有の道具とする開かれた政治を実践し、ネットワークの無償アクセス、中立性、公共性を促進する。

あるべき国家はまた、伝統社会に存在する共有の文化遺産を守り、人類の新しい共有遺産の創出や強化や広い共有を促進する。そして、公共サービスにおける旧習を根底から刷新する。

環境的考察

人はもはや、造物主に自然を託された統治者でもなければ、その占有者でもない。人は、自然と対峙するのではなく、自然の一部であるという事実を認めるなら、人と自然の間には、たとえていうなら、与え与えられる互酬の関係が成り立っていなければならない。それゆえ、いま環境保全の姿勢を正し、次世代に保護された自然環境を残していくには、人が自然から取り出したり受け取ったりしたものと同量の、あるいはそれ以上のものを、自然に返さなければならない。

現在の生産技術をもって地球規模で実現できるであろう物質的繁栄のレベルは、一九七〇年代にもっとも豊かだった国ぐにがほぼ平均的に体験してきたレベルであろう。しかし、これまで何世紀にもわたって、自然から収奪し続けてきた国ぐにと、参入したばかりの国ぐにに、同じ環境対策努力を要請するのはおかしい。

もっとも豊かな国ぐにともっとも貧しい国ぐにに、同じ努力を要請するのは無理である。妥当なのは、一九七〇年代の豊かさのレベルを基準にして、もっとも富んだ国ぐにが、自分たちの自然からの先取りをしだいに減少させていくことである。もし、豊かな国ぐにの人びとが現在の生活の質を保ちたいのであれば、技術の進歩はまず、この略奪的消費を大幅に減らすために使われなければならない。最優先の課題は、CO_2の放出の減少である。そして、原子力や化石燃料に代わる、再生可能でオルタナティブなエネルギーを優先的に導入することである。

人と自然の、与え与えられる互酬性と相互依存の関係は、動物に対しても同じでなければならない。動物を工業資材のように見なすのは、止めるべきだ。互酬性と相互依存は、人と地球のすべての関係に敷衍されなければならない。

経済的考察

金銭的・物質的豊かさと、幸福度や良い暮らしの実感の間に、確かな相関関係があるとは言えない。また、地球環境の現状を考えれば、これからの繁栄は、どんな形であれ、経済成長とは切り離されたところで模索されなければならない。そのためには、多元的な経済のあり方を展望し、生産される財やサービスが個人向けか、集合体向けか、公共的なものかによって、市場経済、公共経済、非営利型経済（社会的連帯経済）の間の均衡が再構築されなければならない。

市場経済と金銭的利益の追求が正当と見なされる場合がある。ただし、共生主義の掲げる人類共同体の原則と共通の社会性の原則を尊重し、前述の環境に関する考察と矛盾しない場合に限ってである。その際、社会的権利や労働組合の権利が実際に有効に機能していなければならない。

まず第一は、金融経済の勝手な金利や投機の流れとの闘いである。資本家の行き過ぎを生んだ要因がそこにあるからだ。それには、銀行の規模に制限を加え、脱税天国を終わらせることだ。銀行の事業と金融市場を密に調整しながら、現実の経済状況と金融経済との間の乖離を防ぐのである。

そうすれば、人間のあらゆる豊かさの本当の発展が可能になるだろう。豊かさは、物財や金銭などの経済面にとどまらない。責務の遂行がもたらす満ち足りた気持ち、連帯感、遊び感覚、あらゆる形の創造性、芸術性、技術性、科学性、文学性、運動性なども、人間の豊かさの一面をなしている。豊かさは、見返りを求めない行為や、創造的な行為や、他者との関係のなかに、あまねく存在する。

5　具体策とは？

すべての人びとの繁栄と良い暮らしを実現する共生社会、どこにでも見出し得る共生社会を、いかに創造するか。無限の高度成長をあてにする時代ではない。そんな幻想は、もはや不可能で、危険でさえあるのだから。

まずは、ありとあらゆる形の野放しや行き過ぎと闘うことである。これは壮大な取り組みで、責務は厳しく、かつ危険である。身を隠してはいられない。共生社会を実現するには、巨大で恐ろしい権力に立ち向かわざるを得ないのだ。巨大な宿敵たちは、金融関係に限らず、物的生産の分野、技術関係、科学関係、知的関係にも潜み、さらには、軍事関係や犯罪の世界にも遍在していることを心しておこう。

何をなすべきか？

目に見えない、どこにいるのかもわからない巨大な恐るべき権力。それに立ち向かうわれわれには、次の三つの武器がある。

①行き過ぎた行為や汚職・買収などの堕落を目の当たりにしたときに覚える義憤。人類共同体の原則と共通の社会性の原則を、直接的にあるいは間接的に、能動的にあるいは受動的に踏みにじる者たちに声をあげて言いたい、「恥を知れ」の一言。

②世界人類共同体の一員であるという気持ち。あらゆる国の、あらゆる言語の、あらゆる文化や宗教の、あらゆる社会的条件の、数百万・数千万・数億人の人びとが、真に人間的な世界を目指して繰り広げる闘いに、自分も参加しているという気持ちである。腐敗や野放しと闘っていることを示す、共有のシンボルを分かち持てるといいだろう。

③それぞれの「合理的選択」を超えたところにある、人間的な情動や熱意の発動。善きにつけ悪しきにつけ、情熱なしには何事もなし得ない。最悪なのは、殺人への呼びかけである。独裁的情熱や狂信的情熱や原理主義的情熱をかきたてて、人を扇動する。最良はというと、地球規模で、本当に民主的で節度のある、共生主義者の社会を創造しようという欲求であろう。

共生主義の原則の支持者は、この三つを武器に、組み立てられている政治舞台に立って、抜本的な改革をもたらすことができる。自分たちの創造性を余すことなく活かして、これまでとは違った暮らし方、生産の仕方、遊び方、愛し方、考え方、教え方などを創出できる。ライバル意識を持ちながらも、嫌悪し合ったり、殺し合ったりはせず、共によりよく生きることができる。

現在の地域や地方をつくり直していく。それを基盤に、世界市民社会連合が立ち上がる。これはすでにさまざまな形で、できあがりつつある。とりわけ、いろいろな方式の参加型民主主義が実践されている社会的連帯経済の取り組みや、世界社会フォーラムなどの経験に、その形が見えてきている。

ローカルでありつつグローバルな、そして、地域に強く根付いていながら外へ開かれた市民社会の構築。それに有用なのは、インターネットや新しい技術や科学である。そこから、新しい進歩主義とは何かが、はっきりわかるではないか。それは、経済主義や科学主義とは何の関わりもない。製品の新しい機種や、より優れた型を見極めるのとも、まったく別の話だ。

共生主義を一つのまとまりとして象徴的かつ具体的に示すのに、世界会議を構想してみるのがいいかもしれない。世界会議は、世界市民社会連合や哲学界や社会人類学界の代表や、倫理、スピリチュアリティ、宗教などのさまざまな流派の代表から構成される。その代表たちは、もちろん、共生主義の原則に同意する。そして、行政と影響力のあるマスコミに声をかけ、早急に解決しなければならない問題を取り上げて、討論をする。そうすれば、共生主義の視点がより明確に浮かび上がるであろう。また、共生主義の立場からの解決も、提案できるであろう。

現体制との決別と新体制への移行

大混乱と災禍は、いずれやってくるだろう。その軌道を避けるには、なんとしても、世界の民衆の意見を大転換させなければならない。そのためになすべきことがある。もっとも難しいのは、政治・社会・経済の分野のすべてに関わる対策の提案である。中期的あるいは長期的対策だけではなく、明日からでもすぐにできることを提案しなければならない。それを、新しい共生主義の有意味な政策（ニューディール政策[19]）として示し、共生主義で得られるものの大きさを、できるだけ多くの人びとに理解してもらうのである。

どこにでも通用する答えはあり得ない。問題の多くは、個々の歴史や地理や文化や政治などの背景と状況によるところが大きいからである。国あるいは地方に特有である場合もあり、地方あるいは国家を超えた広がりの全体に関わるものである場合もある。

共生主義に立つ具体的実践政策は、さらに以下の点を考慮に入れていなければならない。

①正義と共通の社会性をいかなる場合にも重視すること。そうすれば、一九七〇年代以降に世界各地で噴出した、最富裕層とそれ以外の人びととの間の目もくらむような格差を埋めていくことができる。また、最低所得と最高所得の双方を規定すること。それは、それぞれの地域の状況に応じた速さで進めればよい。

②地域や地方の特性に目を向け、地域づくりを大切にすること。グローバル化が外へ追いやり過ぎたものを、地域や地方社会に再び組み込む。共生主義は当然ながら、他者へ開かれ

た関係を基盤にする。だが、その前提には、十分に確立した個が不可欠である。なぜなら、個と個の結びつきこそ信頼とぬくもりの源泉だからである。

③総力をあげて、環境と自然資源の保全に取り組むこと。この取り組みを、負担とか新たな重荷とか思ってはいけない。むしろ、新しい暮らしのあり方を工夫したり、創造活動の新たな源泉を見出したり、地域づくりのための絶好の機会だと考えよう。

④失業をなくして、誰もが社会に有益な活動のなかに場と役割を持てるようにすること。地域を重視する政策の発展と、環境問題に挑む闘いは、そのために大いに有用であろう。しかし、その政策が仕事の再分配に着手する場合、並行して労働時間を短縮する方策や、（社会的連帯の）アソシエーション経済の拡大を強く促進するのでなければ、実際には十分な波及効果を生むほどの規模になり得ないだろう。

ヨーロッパは、世界の他の地域がかかえている問題に加えて、さらなる不安定要因をかかえこんでいる。それは、統合が、政治や社会とは切り離されたマネー経済の都合のみで、軽率に進められたからである。この不具合のせいで、ヨーロッパの多くの国は、権威の喪失や耐えがたい窮乏状態に悩まされることになった。それに対するどのような解決策が採用されようと、何らかの形で取り組まざるを得ないのは、通貨と政治と社会のそれぞれの権威を、改めて結び合わせることであろう。

共生主義の立場から、問題に対する具体的な答えを引き出すには、次の二つを結びつけて考える必要がある。ひとつは、民衆の暮らしを早急に改善することである。もうひとつは、さまざまな危機をかくも負いこんだ現在の世界に、オルタナティブな世界を構築してみせることである。われわれは、この二つを基軸に、状況に応じて、共生主義にふさわしい答えを見出していかなければならない。

無限の経済成長が諸悪を解決する万策だと、いまもって信じたい人たちがいる。いまもって、信じさせたい人たちもいる。その人たちに、共生主義は、別の世界があることを示してみせるのだ。そして、彼らの幻想に終止符を打つのである。

（1）六四名の原起草者の名簿は次のとおりである。Claude Alphandéry, Geneviève Ancel, Ana Maria Araujo（Uruguay）, Claudine Attias-Donfut, Geneviève Azam, Akram Belkaïd（Algérie）, Fabienne Brugère, Alain Caillé, Barbara Cassin, Philippe Chanial, Hervé Chaygneaud-Dupuy, Eve Chiapello, Denis Clerc, Ana M. Correa（Argentine）, Thomas Coutrot, Jean-Pierre Dupuy, François Flahault, Francesco Fistetti（Italie）, Anne-Marie Fixot, Jean-Baptiste de Foucauld, Christophe Fourel, François Fourquet, Philippe Frémeaux, Jean Gadrey, Vincent de Gaulejac, François Gauthier（Suisse）, Sylvie Gendreau（Canada）, Susan George（États-Unis）, Christiane Girard（Brésil）, Françoise Gollain（Royaume Uni）, Roland Gori, Jean-Claude Guillebaud, Paulo Henrique Martins（Brésil）, Dick Howard（États-Unis）, Marc Humbert, Éva Illouz（Israël）, Ahmet Insel（Turquie）, Geneviève Jacques, Florence Jany-Catrice,

Zhe Ji (Chine), Hervé Kempf, Elena Lasida, Serge Latouche, Jean-Louis Laville, Camille Laurens, Jacques Lecomte, Didier Livio, Gus Massiah, Dominique Méda, Margie Mendell (Canada), Pierre-Olivier Monteil, Jacqueline Morand, Edgar Morin, Chantal Mouffe (Royaume Uni), Yann Moulier-Boutang, Osamu Nishitani (Japon), Alfredo Pena-Vega, Bernard Perret, Elena Pulcini (Italie), Ilana Silber (Israël), Roger Sue, Elvia Taracena (Mexique), Frédéric Vandenberghe (Brésil), Patrick Viveret.

(2) 二〇一〇～一一年にチュニジア、エジプト、リビアなどで起きた民主化運動。

(3) 物々交換やケアサービスのための時間交換など。

(4) alter-globalization. 新自由主義的グローバリゼーションではなく、人権、社会的公正、環境などに配慮したグローバリゼーションを模索・推進する市民運動。

(5) 環境問題を単に自然要因としてではなく、政治的・経済的・社会的相関関係から説明することを試みる学問と運動。

(6) indignados. スペイン語で「怒れる人びと」を意味する。二〇一一年にスペインで始まった市民の非暴力抵抗運動で、政治の民主化を訴える。

(7) Occupy Wall Street. 二〇一一年に米国で始まった若者たちの草の根デモ。

(8) 米国の政治学者フランシス・フクヤマ(Francis Fukuyama)が一九九二年に発表した書籍の題。冷戦の終わりが民主主義と自由主義の勝利を決定的にしたと宣言した。

(9) Lean Management. トヨタの生産方式をもとに開発された経営方式。製造工程の全体で社員の協働を推進し、無駄を省いてコストの削減を目指す。

(10) Benchmarking. 掲げられた目標に対して、競合する優良他社がどのような方法でどれだけ成果をあげているかを自社の場合と比べ、分析すること。

(11) 企業の成績を全社員の資質向上によって高めることを目指す経営方法。
(12) Rent seeking. 規制を改変させたりして超過利潤(レント)を得ようとすること。
(13) 石油や石炭などの化石燃料や、水などの天然資源。
(14) 他者や弱者への細やかな配慮を忘れない社会。人は誰しも他者に依存する相互依存関係にあることを意識する社会。
(15) 国民国家が成立していない状態の統合体。たとえば部族のまとまりなど。
(16) たとえばカナダは、先住民やケベック人など多様な民族によって成り立っている。
(17) たとえば、ドイツは連邦制国家だが、フランスは中央集権国家である。欧州連合の加盟国は統合方式について常に一致しているわけではない。そして、国家の主権と連合の統治体制をめぐって、さまざまな模索がなされている。
(18) 既存の政治組織とは別の、市民主導の政治的活動。
(19) 一九三〇年代に米国のフランクリン・ルーズベルト大統領のもとで、大恐慌からの立ち直りを目的に採用された、公共支出や経済民主化を重視する政策。ここでは、ニューディール政策に範を求めた新しい政策という意味で使われている。

第3章　共生主義の経済

マルク・アンベール

豊かな暮らしを求めて経済成長を追いかけてきたわれわれは、いつの間にか、世界中を経済競争の戦場に変えてしまった。より強大な競争力を持つ者が弱者を淘汰し、自然を搾取し続ける。先進技術を追いかけ、新しい商品を市場に送り出し、広告を駆使して消費者の意識を操る企業が、世界を席巻している。そんな世界に息苦しさを感じ、格差の拡大に憤る人たちが、もっと違う世界を築く手立てはないのかと問い始めた。モノを追いかけ、他者を蹴落として走り続けるより、仲良く心豊かに生きる方法があるはずだ。分かち合って、平和な暮らしを実現することこそ、あるべき人の生き方ではないか、と考え始めたのである。

たしかに、モノは豊かさを現出する。しかし、それだけでは、人は幸せになれない。おまけに地球環境は破壊され、天然資源の枯渇と大気汚染はすでに危機的状況にある。経済成長を追うのではなく、共に豊かに生きるもうひとつの道を模索しようではないか。

その提言をするのが『共生主義宣言』(1)である。「共生主義」は、いま生きて共にある人びとに焦点をあてて、社会のあり方を考える。人と人の関係が、共同体を支え、国を支え、世界を支える基盤だと考えるからである。「共生主義」はまた、競争ではなく、協力によって成り立つ世界を理想とする。そして「共生主義」は、科学技術と市場経済に支配された世界から脱する道へ、われわれの思考を導いてくれる。

経済は、われわれの社会を経済戦争の場にするのではなく、経世済民の知恵であったはずだ。公正な原則を打ち立てて、共に住みよい社会を築き守るための手立てであったはずだ。本章では、「共生主義」の社会における経済活動のあり方を、現行の社会の問題に照らし合わせながら、次の五項目に沿って考察を進める。

(1)社会をより人間的にする
(2)経済と科学技術が支配する社会からの脱却
(3)もうひとつの基盤による暮らしの再構築
(4)あらゆる活動の商品化に歯止めをかける
(5)組織の大きさの制限

1　社会をより人間的にする

共生主義は、何よりも人を中心に置くヒューマニズムである。社会をより人間的にすることを考える。共生主義は、地球に共存するさまざまな社会が、より人間らしく発展できるように、働きかけるのである。われわれの「人間性は遺伝しない[(2)]」。それゆえ、日々努力を重ね、自身をより高みに引き上げていくしかない。その努力は、一人ひとりの責務である。そしてまた、集団が、さらに地上のすべての人びとが、共に負う責務でもある。

地球上にはさまざまな生物が生息してきた。人類に先行する猿人などは約五〇〇万年前に出現している。それからさらに数百万年を経て、霊長類ヒト科に属する種のうち、われわれ人類の祖先と言える種が地上に出現するのは、たかだか一〇万年前のことである。

人類が集団として地上に共存する意味を見出すのは、彼らが内なる人間性を意識したときと言ってもいいだろう。それを示すのは、死者の埋葬という行為である。死者の霊を畏れ敬う祭祀こそ、人類の人間性の発現である。自然の喧騒に満ちあふれる世界にあって、命ある者たちは、死者を葬り、先祖の霊に加護を乞うた。神々への祭祀を執り行いながら、豊穣の大地の恵みに感謝し、自然の見えざる力を恐れ敬って生きてきたのだ。人と人の間で、あるいは、人とそれ以外の存在の間で、深い対話を交わす長い時間が、こうして過ぎていった。

そんな暮らしに、やがて決定的な変化が訪れる。それを導いたのは、啓蒙思想である。啓蒙思想は、理性によって開かれる人間の可能性を説く。知の追求が工業生産技術の発展をもたらし、産業革命が機械によるモノの大量生産を実現していく。そして、科学技術の推進が豊かな未来を拓くと信じられるようになる。

こうして、先駆的諸国を皮切りに多くの国ぐにが、技術革新と物質的充足を社会の目標に仕立て上げていく。技術者と経済学者はしだいに発言力を強め、彼らの言うことがあたかも真理として世界を席巻するようになってしまった。本来、人が使いこなすはずの科学技術と経済がメガ・マシーン(3)のようになって、人類を押しつぶしている。われわれは、無謀・無慈悲なメガ・マシーン(4)のもとで喘いでいるのだ。

だが、世界の無言の多数派(サイレント・マジョリティー)は、このような状況のなかで、できるかぎりの抵抗を試みている。たとえば宗教である。世界の八四％の人びとは何らかの世界宗教を信仰していると言われるが、宗教とは本質的に信者たちを結びつける働きを持つ。

宗教という言葉はラテン語の religare に由来し、その語源は「結びつける」だ。宗教は、内部に悲劇的な分断をかかえていたり、他の宗教との間に不和があったりしても、同じ信仰を持つ人たちを結びつけている。また、宗教は経済や技術の支配から多かれ少なかれ距離を置いていて、信者たちもまずは信仰心を優先させている。つまり、無言の多数派のなかに、信仰心をとおして、人類の明日を拓く力が培われ続けているのである。

その力を支えに、経済と科学技術至上の巨大なロードローラーに抗する人びとが現れてくる。人類がより良い方向に進むように、立ち上がる人びとが出てくるのだ。一人で始める取り組みもあれば、集団で起こす取り組みもある。それらの経済至上主義、科学技術万能主義に抗する動きは、大まかに次の三つに分けることができる。すなわち、「解放闘争」「先取り実験」「知的分離」である。それぞれを簡略に紹介しよう。

①解放闘争

解放闘争とは、人びとや集団が呼びかけ合って組織する闘いを指す。先進技術崇拝と経済政策優先に支配された世界にすき間を穿《うが》ち、そこを基点に経済至上主義、科学技術万能主義のメガ・マシーンを引き下がらせようと試みるのだ。そこかしこで繰り広げられる解放闘争は、局所的ではあっても、支配からの解放を目指した取り組みである。闘争の原動力となるのは義憤である。

義憤はステファン・エセル[5]が広めた表現で、人びとを蜂起させたり、反逆に駆り立てたりする。地域で、国で、ときには世界規模で人びとが立ち上がる、デモなどの明確な示威行動が解放闘争である。ときには鎮圧されることもあるが、個人や集団の社会的解放を訴え、環境の保全や安全な暮らしを訴えて人びとは蜂起する。平和のための闘いがあり、女性の権利を求める闘い[6]があり、移民のための闘い[7]がある。住居を求める闘いがあり、無駄な大規模プロジェクト[8]に反対する闘いがあり、投機マネーに反対する闘いもある。

②先取り実験

先取り実験はパトリック・ヴィヴレの用語[9]である。それは、地域的に限定されていたり、個人や集合体の生活圏内にとどまっていたりする取り組みを指す。ときにはより広いネットワークにつながっていることもあるが、プロジェクトとして必ずしも形が整っているわけではない。親たちが運営する保育園[10]、地域通貨、意見交換の会、国際連帯のグループ、カーシェアリング[11]など多種多様な例が挙げられる。

これらの試みは、経済的合理性に支配された難しい状況にあっても、やれることはいろいろあることを教えてくれる。それぞれの場所で、経済至上主義にしばられず、自分たちで別の原則や決まりを創り出して、活動を組織するのである。ささやかな試みではあっても、先取り実験は、共生主義の原則が的を射ていることを証明している。なぜなら、何人かの人びとが寄り合ってオアシスのような場を創り、それを自分たちの手で運営できているからである。先取り実験は、現行の世界にあるわずかなすき間を見出したり、解放闘争でこじ開けたりして、そこに根を下ろし、経済と科学技術が先行する社会に抗している。

③知的離脱

知的離脱とは、支配的力を持つ思考の潮流から距離を置いて、自分の考えの位相を明らかにする知識人の動きを指す。彼らは、主流派経済学がマスコミや政治・経済の少数の権力者たちを通じて力をふるう知の独占体制を批判する。離脱派のなかには、主流派経済学にはほぼ無駄と見なされる「先取り実験[12]」を取り上げて、高く評価する者たちがいる。主流派経済学の分析の論理的整合性を批判し、われわれを取り巻く環境を違った方法で分析する研究者たちもいる。[13]科学技術と市場経済優先のメガ・マシーンが引き起こした、社会と環境の劣化を指摘する者たちもいる。[14]さらに、解放闘争を支援する者たちもいる。[15]

そして、まったく異なった概念体系を基軸にする「共生主義」のプロジェクトも、この枠に入る。共生主義のプロジェクトは、より人間的な世界を構築するために、主流派とは距離を置いた知識人たちが、協力し合って立ち上げた。それは、複数の研究領域にまたがって進めることを本源とする。その点でも、学術研究の専門化志向とは一線を画している。共生主義のプロジェクトの特徴はまた、実験や解放を掲げて闘う活動家の動きと連動していることでもある。共生主義の確立は、学問研究領域にとどまることなく、市民社会と討議しつつ進められていく。

実に、人間的な世界を構築するための取り組みは、世界中で、ずっと以前からさまざまな分野でなされてきているのである。先駆者たちの経験や切り拓かれた変革の土壌から学ぶことは多い。よりよき未来を築こうと願うなら、先駆的実践に学び、それを活かして構想を発展させることである。経済至上主義、科学技術万能主義のメガ・マシーンに抗する道は、他にない。手を結び、より人間的な世界を共に求めるのだ。メガ・マシーンに抗する理由を合意したうえで、マシーン（道具）の制御を、自分たちの手に取り戻すのである。そのために、一人でも多くの人びとに、もうひとつの世界があり得ることを知ってもらい、賛同してもらう必要がある。一人ひとりが、自分が置かれている隷属状態を自覚できれば、メガ・マシーンから何を除去し、代わりに何を組み込めば、より人間的な社会が実現できるかがわかるはずだ。どうすれば、共生の世界が構築できるのかが見えてくる。

2　経済と科学技術が支配する社会からの脱却

経済至上主義と科学技術万能主義に支配され、社会は経済一辺倒になってしまった。このメガ・マシーンはありとあらゆるものを少しずつ変えていく。いまでは労働者でさえ商品となり、社会は商品管理の単なる組織になってきている。われわれが望んでいるのは、こうした経済に支配された社会ではなく、誰もが共に幸せに暮らせる社会である。いうなれば共生主義の社会を実現したいのである。

それにはまず、経済偏重を止めさせなければならない。エマニュエル・ムーニエ(16)がすでに指摘しているとおり、「経済の優先は歴史的混乱であり、そこから抜け出すべき」なのだ。共生主義のような本質的に異質な概念の構築のためには、いったん経済思考と離れる必要がある。経済にしばられず、経済性優先ではない地平に立つのでなければ、共生主義は展望できないからである。とりあえず、経済とは切り離して考えるとしよう。

まえがきで紹介した二〇一五年のレンヌのシンポジウムで、アラン・カイエが引用したセルジュ・ラトゥーシュの言葉が、的を射ている。「経済栄えるところ、社会衰える」のである。

経済が主要な地平を支配している社会にあって、経済性を抜きに未来を展望するのは、画期的なことである。人間性の構築という観点から考えるなら、現状を逸脱するのは歴史的混乱で

2015年に行われたシンポジウムのポスター

あるかもしれない。しかし、これは現在の社会と決別するための飛躍的な一歩だ。なぜなら、この一歩が、社会の基盤となっている「社会契約」を反故にすることになるからである。そうすれば、新しい「社会契約」を決めて、それに沿った社会を構築し直すことができるではないか。

いま、われわれを社会に結びつけている了解ずみの社会契約とは、自由市場経済のなかで競い合う者たちが力しだいで少しずつ金銭的豊かさを獲得していけるという約束である。共生主義の社会が提示する約束は、それとは違う。発想の基点がまったく異なるからである。共生主義の社会が約束するのは分かち合いの社会のよき暮らしであり、それを実現するために求められるのは一人ひとりの積極的な協力である。

二つの約束は、言葉にすれば簡略だが、経済の自由市場を基盤とする社会と分かち合いの共生社会には、根本的な違いがある。その点をさらに比較検討してみよう。

市場経済社会の場合、社会の構成員が共有するべき信仰は、「何事も市場の動きに従っていればうまくいく」ということである。政治や経済を牛耳る少数のエリートたちの市場信仰には揺るぎがない。国の予算で何を建設するかの決め手は経済効果で、住民の声でもなければ、暮らしへの配慮でもない。こうなると、「政治」は不要である。討議の必要はなくなって、管理技術さえあればいい。大臣たちは選挙で選ばれなくてもいいのだ。実際の市場と仮設市場の管理が上手にできる者が必要なだけである。[17] こうして、政府は統治する人たちの場ではなくなり、いまでは商品管理の場に転換されてしまっている。

反対に共生主義の社会は、まさしく政治共同体である。[18] 広大な宇宙にあって、共によく生きることを考える人たちが、みんなで創る共同体である。構成員が望んでいるのは、よき暮らしの助けになるものである。

第一に挙げられるのは、他の人たちとの、豊かで和やかな人間関係である。人と人の間をうまく保ったり、自然との関わりを培ったりするのを、市場に任せるわけにはいかないだろう。全体の関係をうまく調整していくのは、政治に託された役割である。共生主義の社会は、人間関係にいかなる差別も持ち込まず、人びとが互いに認め合う関係を創り上げる。依存されたり搾取されたりする者があってはならない。それぞれが等しい場を持つ共生の形を創り上げるのである。共生主義の社会はまた、次世代を気遣い、環境への配慮も忘れない。

共生主義の社会の共生とは、互いを認め合い、心を許し合い、助け合う共助の生き方を示す。

共助は、地球に共にある者たちが一人ひとり心して保っていく共有の価値である。共助の生き方がよりよく保たれていくには、他者や自然への日々の気遣いが欠かせない。それは、集団にとっても同様である。集団が共助を保つには、民主的な意見交換の形を編み出し、機能させていく必要がある。それは、政治組織の役割だ。その形のヒントになるのは、かつてあった、あるいは最近できた市民のフォーラム[19]や直接民主主義の取り組みであろう[20]。

民主的討議に取り組むうえで一つ重要なことがある。それは、集団の調和は自然に生まれるものではないということだ。それを忘れてはならない。共生主義の社会は、誰もが自己を表明し、個性を伸ばしていくのをよしとする社会である。当然、意見の食い違いや軋轢が生じる。その違いを認め合おう。大切なのは、軋轢が敵対関係を生み出さないように、調停の仕組みをあらかじめ創っておくことである。意見の違いはマイナスではない。違いのなかにこそ、明日を拓くエネルギーやヒントが潜んでいる。食い違いのなかから、共助を発展させる創造性をいかに引き出していくかが肝要である。

政治的共同体としての社会は、構成員がよりよく暮らせるように、共助を組織する。われわれは、愛と清らかな水だけでは生きていけない[21]。草や木の実だけでは生き延びられない。共生主義の社会といえども、構成員の必要に応えるだけの生産と分配の活動、つまり経済活動に取り組まなければならない。

とどのつまり、経済の支配を逃れようと共生主義を経済と切り離して構築してみても、経済活動を抜きにした暮らしは成り立たず、経済へ舞い戻らざるを得ない。エマニュエル・ムーニエが言ったように、「支配から逃れるには人をその気にさせるだけでなく、モノの統制も不可欠である。経済の問題は経済をもってしか解決できないのである[22]」。

3　もうひとつの基盤による暮らしの再構築

共生主義の社会は、人と人びとと自然のよき関係を何よりも優先する。よき関係は、相互理解や友愛関係の深まりをもって評価される。何よりも大切なのは、他者との感情の分かち合いが、心を幸福な気持ちで満たしてくれたり、困難を乗り越えた達成感を与えてくれたりすることである。共生主義の社会では、こうした心の交流が共有の文化となり、それを基盤に暮らしが構築されていく。

一九四七年のことになるが、「経済は男の愛人か召使いか」と問われたジャック・エリュール[23]は、「いまの世界にその質問は古すぎる。ヒトは経済に対峙しているのではなく、経済に飲み込まれているのだから」と答えている。共生主義者がやりとげなければならないのは、人類を経済から引き剥がして自立を取り戻すことである。

イヴァン・イリイチは、科学技術と経済の支配を人類の悲劇だと言う。そして、そこから逃れるには「分かち合いの手立てを選ぶか、メガ・マシーンに圧殺されるか、際限のない成長を選ぶか、さまざまな尺度に基づいた限界を受け入れるかである。問題の深刻さを認識して、唯一残された次の原則を受け入れるしかない。それは、政治の力で自己規制を確立することである[24]」と言う。

共生主義の社会は、よき暮らしのあり方について合意している政治共同体である。個々人が「非情な享楽主義者[25]」のようにふるまうことは許されない。「共生主義」の社会では、一人の行き過ぎた行為は許されない。集団の行き過ぎた行為も、あってはならない。たとえば、モノや権力への飽くなき欲望は禁じられる。言うまでもないが、膨らみ続ける欲望は、分かち合いの社会とは相容れないからである。

共生主義の社会が、集団として経済成長や権力を追い続けるのも禁止である。そうすれば、他の社会が犠牲になるからであり、次世代や自然への配慮を欠いて自然資源を我が物にする恐れも、多分にあるからである。われわれの社会は近親相姦をタブーにしている。ならば、際限のない欲望もタブーにすればいい[26]。

科学技術信仰と経済至上主義の行き過ぎは、われわれが住む地球の環境破壊を急激に悪化させた。いまや地球は危機的状況にある。自然資源の破廉恥な採掘は、即刻止めるべきだ。化石資源は地下に残されてあるべきだ。現在の工業生産方式や農業生産の実態は、全面的に見直されなければならない。水と自然資源総体の使用については、人類の共有財産として細心の注意を払ったうえで、検討されなければならない。

それぞれの共生主義の社会は、自分の場で、環境を改善するための責任を果たす必要がある。環境破壊から地球を救うには、あらゆる人間社会が歩調を合わせることである。その歩みこそが共生社会をよりよく発展させていく。

行き過ぎた態度をタブー視するのは、何でも量って考える習慣から抜けることにもつながる。人は、量りがあると、つい量りたくなる。量った後、今度はそのレベルを超えようと必死になったりする。しかし、数量や金銭換算を習慣にしてはいけない。まして、量りにはかけられない重みを持つものも多い。われわれの暮らしや社会を導く究極のガイドは、ＧＤＰ（国内総生産）でもなければ、数量化した指数でもない。

数量や金銭指標にしばられていては、経済支配を脱することはできない。暮らしに量的尺度を持ち込むことが、市場に道を開いたのである。それを、一つの例を挙げて説明しよう。

ある人が、自分が持つあらゆる種類の資産を全部集めて、もう一人が持つ資産と比較しようとする。その場合、一人が持つ一個のパンの値打ちは、もう一人が持つ一つのミルク入れに比べてどうなのかを判定しなければ、比較は成り立たない。デカルトの合理性を受け継ぐ者たちは、この問題に「正確」な技術的解決を求めた。こうして、たどりついたのが自由市場である。競争はあくまで公正で、関係者のどちらか一方を優位にすることはない。競争を簡単かつ実用的にするために、通貨という普遍的等価物が使われることになった。

このように、すべてを商品化する経済支配社会の根には、数量評価への執着がある。数量評価に用いられる金銭という無機物は、人と人を合理的に分断する。一方、共生主義の社会は、数量的・金銭的評価に振り回される道を選ばない。人びとが希求するのは、量りにはかけられない、何よりも大切なものを尊ぶ暮らしだからである。何よりも大切なものとは、人の生命であり、人と人の豊かで平和な関係である。

では、共生主義の社会で、構成員が必要とするモノの生産は、どのように取り組まれればいいのだろう。食品と衣類と住居は、人が物質的資源を大地や植物や動物や鉱物や道具などと結びつけて手をかけ、獲得するものである。誰もが生物的生命を永らえ、社会的生命を保てるように、生産活動は組織されなければならない。暮らしをよくする地域環境の整備についても、社会がその善し悪しを判断し、実行に移すことである。どのような事業であれ、合議のプロセスをおろそかにしてはならない。生産性至上主義に走ることがあってはならない。

日々の生産活動は、すべての人のよりよき暮らしを創造するためにある。では、われわれは何を必要としているのだろうか。

治療を受けたり、看護をしたりする。情報を得たり、与えたりする。学んだり、教えたりする。助言を受けたり、与えたりする。助けたり、助けられたりする。与えたり、与えられたりする。人と出会う。対話をする。遊ぶ。踊る。人に関心を持ったり、持たれたりする。人に話を聞いてもらったり、人の話に耳を傾けたりする……。一人ひとりの幸福度は、日々の活動が社会のなかでどれだけ有効に展開されているかにかかっている。要は、人間関係がうまくいっているかどうかである。

このような幸福度が問われる活動で、使われた方法と得られた結果を比べる生産性の計算は意味をなさない。共生主義の社会は、数量や金銭の尺度が動かす社会ではない。

4　あらゆる活動の商品化に歯止めをかける

電子技術を活かした脱商品化

脱商品化に向けた挑戦について、とりあえず電子技術を活かした二つの例が挙げられる。ひとつは、電子技術の進歩がもたらした情報提供サービスシステムである。数限りない人びとが、自身あるいはグループのために、特別の費用を払うこともなく、デジタル化された情報を好きなように得ることができる。しかも、テキストや絵や音楽やビデオの電子図書館は、恩恵を受ける者の数がどれだけ増えようと、保存資料が尽きることはない。

ただし、無償の情報提供サービスには裏があることも忘れないでおこう。たとえば、グーグル（Google）の収益の七五％は、われわれが利用するたびに目にする広告費である。われわれは情報提供サービスにアクセスするたびに、自身の情報をさらけ出すことになる。グーグルの情報提供サービスシステムは、アクセス者に適合しそうな広告情報を選び出し、それを「無償で」アクセス者に送りつけてくる。

共生主義の社会が推奨する情報提供サービスは、商業行為とは切り離されていなくてはならない。無償で民主的な資料の共有である。電子図書館や情報提供サービスを、公共の共有財として分かち合うのである。電子技術の進歩を共有財として活かすということである。

もうひとつの電子技術を活かした脱商品化の取り組みとして、「シェア経済」の普及を挙げておこう。たとえばサービスを交換し合う「修理カフェ」は、家事の領域の延長上に、協力と分かち合いの可能性を広げた。すぐ近くの隣人から、地域や村へ、さらにより広域に、協力の輪が広がっている。ネットワークを介したお金を使わないサービスの交換は、参加者たちを結びつけ、その輪が人と人の関係を培っていく。それは、よりよく共に生きる暮らしの源そのものである。協力と互助が当たり前になれば、商品化していたサービスは商業行為ではなく、人と人をつなぐ手立てとなり、脱商品化を一歩前進させる。

脱商品化のプログラム

もちろん、それで終わってしまってはいけない。あらゆる分野で脱商品化を追求していく必要がある。そうでなくても、商品化傾向に歯止めがかけられない状況だ。公共のサービスの民営化は言うまでもなく、少しずつ何でも買える世の中になってきている。よき暮らしのモラルにまったく反することだ。

外国から移住する権利を買うこともできれば、サイを殺す権利も買える。代理の母から新生児を買うこともできれば、臓器を買うこともできる。行列をしないで買い物ができるし、友人や競合相手の買収もできる。サッカー場の名前や列車の名前を買うこともできれば、刑務所の独房の物質的環境をお金でよくすることもできる。環境汚染の権利も買える（CO_2排出量に値段をつける）。これらは、マイケル・サンデルが米国で起きていることをもとに、際限のない市場取引の例として挙げたものだ[27]。サンデルは、われわれ共生主義者と同様に、よき暮らしは際限のない商品化と相容れないことを強調している。

脱商品化を少しでも進めるには、進行中の商品化を止めさせ、行き過ぎを見直し、ずっと以前からある商品化にも目を向けて、対策を講じる必要がある。なかでも、広告には問題が多い。なぜなら、その大半は情報伝達よりも消費拡大を煽るものだからである。広告は人の心理を操り、購買欲をかきたて、必要のないものまで買わせてしまう。そのせいで、借金を背負う人も多い。広告は大幅に縮小されるべきである。広告の費用は莫大で、それがグーグルやマイクロソフトをとてつもなく肥やし続けていることを忘れてはならない。

ベルナール・ペレ[28]は「脱商品化プログラム」を提案している。プログラムにはさまざまなアイデアが盛り込まれているが、取り組みが実行されるには、計画の立ち上げから承認まで一連のプロセスを経なければならない。このプロセスは当然、市場での生産性競争を計算する現行のプロセスとは異なっている。

ペレは、たとえば物材の耐用年限を長引かせようと言う。当然の提案である。それは、希少資源の浪費を減らすのにも役立つ。新しいものに次々に買い替える現在の一般的傾向とは、まったく逆の道である。彼はまた、食の自給や住居の修繕、日曜大工など、自分でできることを増やそうと言う。その提案に沿って加えるなら、あらゆる生産物は流通ルートが短いほうがよい。地産地消を優先すれば、生産物の商品化と配送の環境負荷を減少できる。

さらにペレは、みんなが協力すれば、自家用車を持たない暮らしはよいことであり可能だと考えている。より広い意味で、必要に応じた共有資産の設置と管理を集団で行うことを奨励する。その対象となるのは、交通機関のインフラストラクチャー、モノの流通経路、美術館、遊園地などである。若者の市民奉仕活動を一般化してこの脱商品化プログラムに結びつけたり、シニアの社会活動の力を注いでもらったりすればよいというのが、ペレの考えである。

参加型の合意形成

では、共生主義の社会でモノと金銭に支配されない暮らしを推進するには、どうすればよいのだろうか。現行の世界では、モノは値段に統治されている。共生主義の社会のように、モノの値段を決める技術的プロセスがない場合はどうするか。モノを活かす人たちの合意を形成することである。だが、共生主義の社会は、お金に換算できない部分こそ大切だと考える社会である。それゆえ、モノに値段をつけるのはことさら難しい。参加型の方法で、モノを統治する仕組みを編み出さなければならないだろう。

参加型の合意形成が有意義なのは、イル＝エ＝ヴィレーヌ県でミッシェル・ルノーが行った生活充足度（bien être）の報告にも表れている。住民たちにとって、生活充足度とは何かを調べる実験をした結果、彼らの希望で、よき共生主義の社会を育むためにどのような活動をするのがよいかを決める、住民参加型の討議プロセスを設定することになったという[29]。それは、「集団で、共通の世界を定義し、共有の価値（un bien commun）が何かを討議し、どうしたら達成できるかを考える[30]」ことにほかならない。より広い意味で、「何が本当に大切かを見極め、市民を表舞台に立たせる[31]」ために行われる、一つの民主的採決の形である。

共生主義の社会は脱商品化を進めるが、取引市場を消滅させようというわけではない。取引市場の支配は拒むが、市場を介する取引を否定はしない。まして、村の青空市場《いちば》は地産地消が活きる場である。共生主義の社会が問題にするのは、金銭を介在させて、人間関係を断絶する市場取引のあり方である。共生主義を基盤にすれば、市場は価格競争専用の場ではなくなり、人と人との関係のうえに成り立つ、協同の社会を実践する場になる。その協同の市場では、これまで以上に地域通貨が、地方でも国でも使われるようになるであろう[32]。

共生主義の社会における生産活動の目的は、社会が必要とするものの生産である。自由経済が社会を支配すると、収入を増やすためには、より多く働かなければならない。すべての労働者の充足に気を配る人は、まるで一九六〇年代の週四〇時間労働のころのように、全員がとにかく仕事を持っている状態こそいいと考える。そして、それを実現するために、飛躍的な経済成長をするしかないと思い込んでしまう。

自給・協力・分かち合い

共生主義の社会では、生産活動とその運営についてだけでなく、生み出された物財とサービスの分配についても、問題の立て方が違う。第一に、自給と協力による「自己調達」の割合が大幅に増える。

農産物の自給については、米国の経済封鎖で余儀なくされた食糧危機を自給で乗り越えたキューバが見本になる。一九九〇年代の初頭、米国の経済封鎖が強化され、近隣諸国からの農産物輸入も規制されて、深刻な食糧危機に見舞われたとき、推進されたのが国民総参加の自給対策だった[33]。都市に農地を生み出すだけでなく、ベランダから屋上まで、ありとあらゆる場所で作れるものを作り、自給率が高まった[34]。

フランスの都市部でも、都市の周辺に公営の貸農園が整備され、市民が気軽に農に親しめる空間が増えている。また、街角のささやかな緑地に有志が野菜を植え、育ったら誰でも収穫できる試みも人気を博している。農産物の自給は、望めばどこでも工夫ができ、収穫を分かち合う楽しみも生まれる、まさに共生を育む活動である。

では、衣料の自給はどうであろうか。ひと昔前は誰もがやっていた編み物や縫物が工業製品に取って代わられ、既製の衣料品が大量に出回っている世の中である。そうしたなかで、手作りが見直されるようになってきた。好きな服を手作りする人もいれば、古着の着回しや、リフォームをして個性的な使い方をする若者もいる。手作りの楽しさと魅力が、衣料の分野でも自給を可能にする素地を残していると言えよう。

こうした衣料の自給は、前述の「修理カフェ」と同じように、モノを使い捨てせずに、修理しながらできるだけ長く活かそうという発想に立っている。誰もがモノを大切にして、修理しながら、できるだけ長く使うように心がければ、新しいものを次から次に生み出す必要は当然なくなる。

とはいえ、自給と協力による「自己調達」を基本にする共生主義の社会においても、それだけでは手に入らないモノもあるだろう。その場合は、分かち合うべき自然資源に配慮しながら、もっとも賢明な方法で生み出す工夫を考え、社会的に生産のプロセスを組織することである。仕事の分かち合いを組織するのは集団の責任である。政治共同体の主導による参加型民主主義の手順に則って、決議が引き出される。どのような活動に取り組むかを、民主的手順を追って決議したうえで、その活動のための仕事が振り分けられるのである。

仕事の分かち合いは、経済の長期的停滞に鑑みれば、すでに避けて通れない本質的な問題である。「いかなるときも、働く国民であれ、働かない国民であれ、誰しも〈よき人〉として、すべての世帯が必要に応じて生きる手立てを持てるようにすることだ[35]」と、経済学者のジェームス・ガルブレイスも言っている。ただし、共生主義の社会における労働の概念は、一九六〇年代の西欧のフルタイム労働とはまったく異なる。

モノの豊かさを追って労働時間を増やす時代は、終わっている。そうではなく、何が必要か、それをどう生産するか、生産のための労働をどう分かち合うかを、暮らしを分かち合う人びとの話し合いで決めて実践し、心豊かに暮らすのが共生主義の社会である。

大切なのは、お互いに活発に意見を交換し合うことである。そのうえで意見の一致が得られるように、みんなが議決に参加する。仕事の分かち合いに、誰かが忘れられたりしてはいけない。そして、直接あるいは間接的にでも、よき暮らしに必要な最低限のものが等しく行き渡るように、労働は公正に分かち合われなければならない。

「共生主義」の社会に適した、まったく新しい装置を創設するのがいいだろう。自由経済市場に支配された現行の社会で提案されている無条件の最低所得の保証(ベーシックインカム)は、何らかのヒントになるのではないだろうか。税金を財源に、国が各人にその生業・収入のいかんを問わず、均一の最低所得を保証するという提案である。「共生主義」の社会の場合、共通の社会性の原則に立って、保証が検討される。その場合、最低所得の対象は個人ではなく家庭であり、所得の不足を補填する目的で施行されることになる。

また、現行のマネーローンは見直されるべきであろう。ローンを利用して収入をはるかに超えた買い物ができてしまうので、フランスでも他の国でも、負債をかかえて数百万人もの人びとが困窮しているではないか。二〇〇八年の金融危機も、もとはといえば、住まいを買うために組んだ米国の多くの所帯がローンを返せなかったことに端を発している。家を持ちたい所帯の望みを拒否したり、巨額の負債を負わせたりするのではなく、必要を満たせる手段をできるだけ早く創り上げるべきであろう。家庭ごとの最低収入の保証は、その方策の一つにあたる。

共生主義の社会が共有を重視するのであれば、遺産の分配についても再考するべきであろう。ジェームス・ガルブレイスは、遺産相続制度を見直すべきだと考えている。バンジャマン・コリアら[36]も、すべての人への最低所得の保証をみんなで検討して実施するのであれば、所有主義に基づく私的所有は当然制限されるべきだと主張する。[37]かつてリンカーン大統領も、人は命の糧を得るために土地の使用を認められているのであって、土地の私的所有があってはならないと言っていた。

ところが、いまではますます所有主義が増長し、ついには生物への特許申請を認めさせるまでになっている。企業が種子や家畜の血統を専有するために特許を取得し、代々農業を家族で営んできた者たちから、種子の自家採取の権利を奪う事態になっているのである。[38]

5　組織の大きさの制限

行き過ぎの自制とタブーは、生産組織の規模にも適用される。安定した共同経済の組織であれば、規模拡大の必要はない。しかし、現行の世界では、ここ数十年間、組織の大型化が目立つようになった。民間企業であれ、公的機関であれ、半官半民の企業体であれ、吸収合併や買収が進んで、ますます大きくなっている。これらの企業の大型化は、何よりも資本と権力を集中させるための操作である。

ひと昔前、どの製品の生産にはどの程度の工場規模が最適かを推測しようとする試みがあった。今日の企業戦略は、生産形態よりも投資家対策に集中している。株主や所有者にどれだけの価値を提供できるか、市場でどれだけ影響力を持てるか、競合企業にどれだけ影響力を及ぼせるかである。経営陣が自社の株主や所有者を潤すことができればできるほど、その見返りもより大きく膨れ上がる。法外なサラリーや特別報償が経営陣に支給されるのである。

そんな操作が可能なのは、裏があるからだ。巨大な組織ともなれば、内部の構造は複雑を極める。責任の所在も管理も不透明な部分が多くなるので、それがしばしば不正の温床になる。二〇〇一年に発覚したエンロン社の不正会計事件などは、氷山の一角にすぎない。イヴァン・イリイチが言うように[39]、報酬の行き過ぎをなくすには、組織の大きさを制限することだ。

われわれの暮らしの発展に関わるいくつかの条件は、さまざまな分野で少数の多国籍企業に握られていることを思い出そう。彼らは巨額の広告費を投入してわれわれの心理を操り、商品を買わせようとする。電子技術の分野では、GAFA（Google＝グーグル、Apple＝アップル、Facebook＝フェイスブック、Amazon＝アマゾン）＋Microsoft＝マイクロソフトがほとんど独占状態である。自由競争の原則を標榜するなら、この独占は解体されるべきである。もちろん、共生主義の社会で独占は許されない。そして、これらの電子通信サービスは、公共サービスとして提供されることになる。

そもそも、企業の私有化は問題である。私的所有状況を改善する方法はないものか。ポール・ジョリオン[40]は、株主を所有者と見なさず、先行貢献者つまり債権者と見なすことにしたらどうかと提案している[41]。そうすれば、企業組織内の各人の役割が明確になる。そして、株主が事業に及ぼす独占的影響をなくすことができる。つまり、株主が先行投資をして企業を支える場合、それが実質的企業支援になるように、契約で投資を一定期間保たなければならなくするのである。その結果、株価の上下しだいで売り買できる投機的な投資をなくす。経済の脱投機化は、社会の脱商品化を成しとげるために、なんとしても取り組まなければならない。

二〇〇八年に各国の二〇近くの大銀行の不良債権問題が明るみに出て、ヨーロッパの新自由主義経済が崩壊の淵に立ったとき、これらの銀行は倒産させるには大きすぎるという理由で、国が救済措置をとった。つまり、国民の税金が投入されたのである。「銀行が倒産するには大きすぎるなら、存在するにも大きすぎる[42]」とは、ルモンド紙に掲載されたアンドレ・オルレアン[43]の適切な評であった。銀行の大型化をなぜ制限しないのであろうか。

ジェームス・ガルブレイスも米国の場合を例に、巨大銀行がないほうが国は平穏だと考えている。そして、「一般大衆向けの銀行は、手数料をあまりとらない公共の機関にして、地方自治体が運営する。企業への貸付、つまり銀行の投資事業については、小銀行の共同投資、地方または組合銀行の共同投資する」(44)と提案している。

共生主義の社会は、金融流通の行き過ぎを容認しない。大量の金融派生商品(45)、租税回避地(タックス・ヘイブン)の利用、さまざまな手の込んだ仕掛け(46)、株の連続注文などは、あってはならない。いずれも、投資家と運用委託者を肥やすことしか考えていない。社会が認めている生産活動であっても、それを支えるつもりなどまったくないのだ。ポール・ジョリオンは、金融流通を是正するためにいろいろな提案をしており、もっぱら価格の上下を煽るような投機的な株売買は禁止するべきだと言う(47)。脱商品化を成功させるには、まず、脱金融化に取り組む必要があるということだ。

では、われわれが望みをかけて名付けた共生主義の社会で、日々の暮らしはどうあればいいのだろうか。生産と分配を実際にどう組織化していけばいいのだろうか。さまざまな分野の著者の考えを引用して、経済の機能そのものを問うたり、経済活動の意味を問うてみたりしたが、やはり問題になるのは、共生主義の社会の大きさとその対外的枠組み(市町村、地方、国家など)である。世界の人口は二〇四〇年前後に九〇億人に達すると推定されている。どうすれば、その人たちがこの地球でよりよく暮らせるのであろうか。多元的な政治共同体は、どのような大きさ、形態、地域性を持つ集合体の上に形成されるのであろうか。

科学技術と市場経済のグローバル化が、国民国家を基点とする旧来の国家間の関係をすでになしくずしにしつつある。国家単位の経済は弱まり、国内の政治共同体が打ち出す国際プロジェクトに代わって、世界市場が各国の経済へ介入する傾向が強まっている。ヨーロッパの変容がいい例だ。二〇〇五年にヨーロッパが経験した、欧州憲法をめぐる論議を振り返ってみよう。一九五七年にＥＥＣ（欧州経済共同体）が設立されたのには、何度も引き裂かれてきた旧来の敵対国、とくにフランスと西ドイツが新たな戦争を引き起こすことがないように、経済統合によって両国を接近させる目的があった。ＥＥＣが西ヨーロッパのほぼ全域の国ぐにの統合に発展して、ＥＵ（欧州共同体）となる。ＥＵ加盟国は、二〇一三年以来二八カ国であったが、一六年にイギリスが離脱を決めて以降は二七カ国である。

ＥＵは二〇〇四年にヨーロッパ統合を強化する欧州憲法条約を制定しようとして、各国の批准を求めたが、その最大の目的が市場を一つにした補助金抜きの自由競争への開放にあるのを見て、フランスとオランダの国民が国民投票で拒否した（二〇〇五年）。その結果、欧州憲法は断念され、既存の条約を修正する形でリスボン条約（二〇〇七年調印、〇九年発効）が制定された。しかし、リスボン条約の主な目的が市場の自由化であることに変わりはない。ＥＵは経済統合体として歩みを進め、ＴＴＩＰ（環大西洋貿易・投資パートナップ協定）が数年来検討されてきている。これは、ＴＰＰ（環太平洋経済連携協定）と同じ市場開放の協定である。

これらの事実から指摘できるのは、共生主義の精神は、社会が大きくなりすぎては十分な機能を果たせないということだ。なぜなら、参加型民主主義の手続きを踏む合意形成が容易にできなくなるからである。また、小規模な共生主義の社会の場合、内部に沸き上がる問題を自身の内部の力だけでは解決しきれない。つまり、共生主義の社会の自立は、他の社会との協力関係の上に成り立つもので、協力関係なしの自立はあり得ないということである。他の社会とは、競争ではなく協力関係を結ぶ。それが、共生主義の社会の基本的な自立の形である。

結びに代えて

本章では、共生主義の社会における経済のあり方を、現行の社会に照らし合わせながら検討してみた。この考察はまだ草稿にすぎず、結論を出すには至らないが、大切なポイントは次の二つの点ではないだろうか。

第一に、共生主義を目指す各地域社会の間で協力を優先させるのであれば、あくまでも話し合いで妥協点を見出す努力をする必要がある。違いを理由に、他の社会を根絶やしにするようなことがあってはならない。共生主義の社会は、平和を貫く社会である。戦争はもとより排除されている。

第二に、共生主義の社会のモデルは普遍的であるより、多様で複合的になるであろう。1節で述べたように、共生主義の社会の創設は、現行の世界のあちこちのすき間を穿って取り組まれる、限界のある実験から始まる。ローカルな共生主義の社会モデルがそこに構築されるだろうが、そのモデルにどこまで普遍性があるだろうか。

地域の民俗に根ざし、歴史のなかで育まれてきた多様な個別の文化が、この世界の豊かさであるとしたら、普遍的なモデルよりも、より多様で複合的な、多重普遍性とでも呼ぶべき社会モデルを予測するべきではないだろうか。多種多様な共生主義の社会モデルが各地に生まれ、相互に影響し合い、連動し合い、衝突したり、補完し合ったりしながら、よりよい人類共同体を目指して共生していければいいのではないだろうか。

どのような連動のなかにあっても、一人ひとりが、自分をとりまく自然環境と他者への配慮を忘れない「人としてあるべき生き方」を貫いていけば、共助の暮らしが根を張り、人類共同体の未来ある明日が見えてくる。

（1）本書第2章を参照。

（2）Marie Balmary, *Abel ou la traversée de l'Eden*, Grasset, Paris, 1999.

（3）メガ・マシーンとは、アメリカの技術史・社会学者ルイス・マンフォード（Lewis Mumford）が一九六七年に発表した著書“The Myth of the Machine”（樋口清訳『機械の神話──技術と人類の発達』河出書房新社、一九七一年）で用いた造語。あらゆるものを押しつぶす道路ローラーのような機械である。

（4）マックス・ウエーバーの科学技術と経済制度についての定義。

（5）Stéphane Hessel. ドイツ生まれのフランス人。第二次世界大戦中にレジスタンス活動で逮捕され、ユダヤ人ゆえ強制収容所に送られるが、脱走。戦後は外交官となり、国連の世界人権宣言の起草に参加した左翼の思想家。二〇一〇年にフランスで出版された“*Indignez-vous*”（村井章子訳『怒れ！憤れ！』日経BP社、二〇一一年）は多くの言葉に訳され、世界的ベストセラーとなる。

（6）Femmes Solidaires（女性の連帯）は一九九八年に創立された組織で、前身は一九四五年につくられたフランス女性連合である。国連の諮問機関として認められ、女性と子どもの権利を擁護する活動を展開している。

（7）たとえば国境なき医師団は、アフリカから地中海経由でヨーロッパへ渡ろうとする難民の超過乗船による海難事故を危惧して船をチャーターし、地中海のパトロールにあたっている。

（8）二〇一三年にチュニジアで開かれた世界社会フォーラムの採択文書で、「無駄な大規模プロジェクト」とは、市民の意見を聞くことなく決定され、その地域の環境・社会経済・住民に被害を及ぼすプロジェクトである、と述べられた。フランスでは、ナント市近郊のノートルダム・デ・ランド市に一九六〇年代から建設計画が進められている新国際空港が、その例にあたる。

（9）Patrick Viveret. 共生主義の創始者の一人。フランスの哲学者であり、対抗グローバリゼーション運動の活動家である。欧州会計監査院の顧問を務めた経験から、国民の幸福度はＧＤＰを指標にするだけでは測れないことを主張している。《Stratégies de transition vers le bien-vivre face aux démesures dominantes》in A. Caillé, M. Humbert, S. Latouche, *De la convivialité-dialogues sur la société conviviale à venir*, Paris, La découverte, 2011, p.38.

（10）幼児を持つ親たちが自主的に運営する小規模な保育園。親たちが交代で幼児たちの保育にあたり、時間も比較的自由で、経費をかけずに自主的共同保育を行う。

（11）エコロジカルで無駄のない自動車の活用法として、広く普及している分乗システム。同じ日に同じ場所へ行く人を探し、経費を分担する。手数料を取る業者もいるが、自治体の援助を受けたＮＰＯ

が仲介している場合が多い。列車より安く、小回りが利くので、多くの利用者がいる。
(12) ここでは、社会的連帯経済の取り組み総体を指す。
(13) 経済学の非主流派の多くや、社会学の一部の流れ、新しい認識論を展開する環境地理学のオギュスタン・ベルク、複雑性思考のエドガール・モランなどの研究が該当する。
(14) とくにエコロジーの流れを汲む知識人たちである。
(15) マルクスの影響を受けた研究で、ポスト植民地主義研究、ジェンダー研究、脱成長研究など。
(16) Emmanuel Mounier. フランスのカトリック哲学者。一九三二年に『エスプリ』誌を創刊し、人格主義的共同体思想を展開した。*Le Personnalisme*, Paris, PUF, 1949.
(17) 二〇一四～一六年に経済・産業・デジタル大臣を務めたエマニュエル・マクロンは、ロスチャイルド銀行からオランド首相が引き抜いた金融界のエリートで、選挙で選ばれて入閣したわけではない。
(18) フランスの思想家エルネスト・ルナンがソルボンヌ大学で一八八二年に行った演説で、国民国家を「利益で結びついたコミュニティではない」と定義したのに通じる。
(19) ブルターニュ地方のイル＝エ＝ヴィレーヌ県では、二〇〇四年から県議会に並行して八つの諮問委員会が置かれている。農業諮問委員会を例にとると、議員だけではなく、農業支援組織の代表や農業組合のメンバーも参加して、地域の農業問題を討議する仕組みになっている。
(20) フランスの多くの都市で予算の五％を市民が提案するプロジェクトに使える仕組みが、参加型民主主義の例として挙げられる。パリ市では二〇一六年度に、緑化やホームレスのための雨宿り所の設置などに、この予算が適用されている。
(21) 理想ばかりを追う人を皮肉るフランスの格言。
(22) Emmanuel Mounier, *op. cit.*

（23）Jacques Ellul, プロテスタント神学者、社会学者。技術万能社会への批判で知られる。L'économie, Le Bouscat, in *L'esprit du temps*, 2005, p.5.

（24）Ivan Illich, *La convivialité*, Paris, 1973, p.153.

（25）Max Weber,《L'éthique protestante et l'ésprit du capitalisme》, in *Archiv für Sozialwissenschaft und Sozialpolitik*, Tübingen, 1905.

（26）Dany Robert Dufour, *Pléonexie*, Paris, Le Bord de l'eau, 2015.

（27）マイケル・サンデル著、鬼澤忍訳『それをお金で買いますか——市場主義の限界』早川書房、二〇一二年。

（28）Bernard Perret. 国立行政学院出身のエンジニアであり社会経済学者。『エスプリ』誌の編集委員であり、『共生主義宣言』の共同執筆者の一人。*Au-delà du marché- les nouvelles voies de la démarchandisation*, Paris, Les petits matins et Institut Veblen, 2015.

（29）Michel Renault,《Une approche transactionnelle des démarches d'élaboration participative d'indicateurs sociaux. La méthode du conseil de l'Europe》, in *Innovations*, No.49, 2016, pp.203-225.

（30）P-M Boulanger,《Les indicateurs de développement durable. un défi scientifique, un enjeu démocratique》in *Les séminaires de l'Iddri*, No.12, 2004.

（31）John Dewey, *Theory of Validation*, Chicago, University of Chicago Press, 1939.

（32）地域通貨は一般の通貨と並行して限られた地域内で使われる。レンヌ市でユーロと並行して使われている地域通貨のガレコ(galléco)は、一ガレコが一ユーロに相当する。ユーロはＥＵ加盟二七カ国のうち一九カ国で使用されている。また、ＥＵ加盟国の間では、ユーロと並行して国ごとに独自の通貨をつくってはどうかという案が出されている。フランスではコーペック(coopeck)という国内用電子マネーが、有機農産物の流通を推進する協同組合によって開発された。

（33）当時キューバは砂糖をソ連に輸出し、その見返りに石油、さらに農薬や化学肥料を輸入していたほか、食料の大半をソ連や東欧からの輸入に頼っていた。サトウキビ生産に集中した農業で、食の自給とはほど遠い状況だったのである。米国は一九九一年のソ連崩壊を機に、共産党の独裁体制を解体させようと経済封鎖を強化。キューバ国民は食料難で困窮し、飢えに耐えられずに砂糖を食べ、糖尿病や失明に至る者が多かったという。それが肉食より自給野菜を主にする食習慣へ国民を導くきっかけになり、無農薬での野菜栽培が普及した。

（34）肉食から菜食へと食生活が変化し、国民はむしろ健康になっている。菜食普及のために栄養指導がされたり、市民のベランダ菜園の病害虫対策に無農薬の防除指導がされたり、自給を普及する国策がとられているのを、二〇〇六年のキューバ訪問で目にした。

（35）James Galbraith, *La grande Crise-comment en sortir autrement*, Paris, Le Seuil, 2015, p. 266.

（36）Benjamin Coriat. レギュラシオン学派の経済学者。共生主義の賛同者である。

（37）Benjamin Coriat(Dir), *Le retour des communs*, Paris, Les liens qui libèrent, 2015.

（38）一九八〇年の米国の法廷の判決。米国では、一九三〇年に植物の特許申請が可能になった。一九八〇年にバクテリアの特許申請が許可されてから申請が増え、八五年に初めてトウモロコシの種子に特許が下りている。大手の種苗業者は、特許を保有する種子を農家が畑に播いた場合、すぐに訴訟を起こす。たとえばモンサント社の場合、一九九七年から二〇一四年に一四五件の訴訟を起こし、常に勝訴している。

（39）Ivan Illich, *op. cit.*

（40）Paul Jorion. ベルギーの人類学者。サブプライム住宅ローン危機を予見した。

（41）Paul Jorion, *Misère de la pensée économique*, Paris, Fayard, 2012, p.332.
（42）*Le Monde*, 29 mars 2010（『ルモンド』に掲載されたアンドレ・オルレアンの記事）。
（43）André Orléan. 国立行政学院出身の経済学者。フランス政治経済学会の会長も務める。
（44）James Galbraith, *op. cit.*
（45）デリバティブ取引、リスクを覚悟して高い収益を追求するために考案された金融商品、先物取引やオプション取引など。
（46）デリバティブ取引以上にリスクの高い収益を追求するさまざまな金融商品。
（47）Paul Jorion, *op. cit.*, pp.313-314.

〔雨宮裕子訳〕

第4章　共生社会への壁をどう克服するか？

西川　潤

共生社会と口で言うのはやさしい。だが、現実には、ヨーロッパでも日本でも共生の社会づくりにはかなり高いハードルがある。ヨーロッパでは、難民・移民の流入とともに、排外主義的な右翼政党が台頭するようになった。イギリス、フランス、ベルギーなどで相次ぐテロへの不安も大きい。しかし、テロ問題の根源にある南北格差や、非西欧世界へ覇権大国とその連合国がたやすく軍事介入する問題についての日常的なアプローチをぬきにして、治安対策に力を入れるばかりでは、テロや戦争の根絶は困難だろう。

本章では、二〇一六年七月に神奈川県相模原市の障がい者施設「津久井やまゆり園」で起こった大量殺傷事件をきっかけとして、現代の日本社会で、共生を阻む思考風土がいかに形成されているかを考えることにしたい。

1　津久井やまゆり園での障がい者殺人と格差の時代

この悲惨な事件では、元職員の男性が夜間に入所者を刃物で襲い、一九人を殺害し、二七人を負傷させた(うち三人は職員)。犯人は凶行に先立ち、二〇一六年二月に衆議院議長と安倍晋三首相宛てに犯行を予告するような手紙を書き、警察の捜査を受けている。その結果、一時措置入院したものの、五カ月後には予告どおり実行された。

犯行後、警察の取り調べに対して犯人は、「障害があって家族や周囲も不幸だと思った。事件を起こしたのは不幸を減らすため。同じように考える人もいるはずだが、自分のようには実行できない」としたうえで、「殺害した自分は救世主だ」「(犯行は)日本のため」などと供述したと伝えられる(『朝日新聞』二〇一六年八月一七日)。

障がい者＝不幸と考えるのは、障がい者を「特別視」し、社会から隔離し、ついには抹殺するに至るヘイト・クライムである。かつてナチズムが国内の心身障がい者を強制収容して、大量に「安楽死」させた歴史がある。(1) 日本は国連の障害者権利条約(二〇〇八年に発効)の批准(二〇一四年)に伴い、障害者基本法を改正し(二〇〇四年、一一年)、障害者差別解消法(正式には、「障害を理由とする差別の解消の推進に関する法律」二〇一三年成立、一六年四月施行)を定めた。

障害者基本法では、障害者権利条約に添い、障害者を含むすべての国民の尊厳と権利を尊重することを謳い、「相互に人格と個性を尊重し合いながら共生する社会を実現するため」、障害者の自立及び社会参加を支援することを定めている。また、障害者とは、「心身の機能の障害がある者であって、障害及び社会的障壁により継続的に日常生活又は社会生活に相当な制限を受ける状態にあるもの」と定義された。この定義は改正前の障害者基本法にはない視点で、世界の流れを受けて当事者視点が取り入れられている。これを具体化したのが、障害者差別解消法である。ところが、この法律施行の三カ月後に大量殺戮事件が発生したのだから、やるせない気持ちにならざるを得ない。(2)

犯人自身がヘイト・クライムに走りやすい精神環境にあったこと、障がい者施設の厳しい労働環境の問題を障がい者に押し付けたのではないかと疑われること（福祉施設では長時間の過重な労働環境や低賃金による離職者が多い）、大麻を服用していた形跡があったことなど、個人の条件はいま措いておく。そのうえで、一連の革新的な障害者立法にもかかわらず、その社会的な受容はこれからの課題であることを、今回の悲惨な事件は示したと言える。

二〇一六年の時点で、障がい者施設でヘイト・クライムが発生した背景について考えてみよう。

第一に、津久井やまゆり園は相模原市の郊外に位置する施設であり、地域社会との日常的交流が少ない。障がい者を「特別視」する前時代の福祉思想にのっとった施設とも言え、犯人の「障がい者＝不幸」とする偏見を助長したかもしれない。

このことは、事件に際して、神奈川県警が被害者の姓名を公表せず、したがって報道されなかったこととも関連している。警察は、遺族の方々の要望があって公表を伏せたと説明するが、これだけ大きな犯罪や災害の際には被害者の姓名が報道されるのが通例である。障がい者団体も逆差別ではないか、と批判している。姓名の公表を避けたい被害者や家族の方々がおられるにせよ、実名を公表しないということは、被害者がこの世に生きた歴史と記憶の抹殺につながり、事件の忘却を導きかねない。[3] それは、事件を繰り返す悪循環を導くしかないのではないか。ここからも、差別と偏見を私たちの日常生活から少しずつなくしていく地道な取組みが大事なことが理解される。

第二に、日本の社会はまだまだ、障がいを日常誰でもどこでも見られる一時的あるいは恒常的な不便さと捉える視点に慣れていない。それは、日本における障害者認定の少なさにも現れている。内閣府の統計（『平成二七年版障害者白書』二〇一五年）によれば、身体障害者は三九三万七〇〇〇人、知的障害者は七四万一〇〇〇人、精神障害者は三二〇万一〇〇〇人だ。その合計は計七八八万人で、日本の人口の六％にあたる。[4]

一九八〇年代の三％から増えた理由は、人口の高齢化（一九八〇年には障害者総数に占める六五歳以上の高齢者比率は四割強だったが、二〇一〇年には六割強へ増加）と、障がい者の条件に関する見直し（社会的障壁）だろう。しかし、世界的には障がい者の比率はだいたい人口の一割である。日本では、障がい者（自立のために社会的援護を必要とする人）の条件について、新立法の趣旨を踏まえてさらに見直しが必要だろう。

障がいが日常的なものとして捉えられていないことから起こる障がい者の生活困難の一部は、たとえば頻発する視覚障がい者の駅ホームからの転落事故に表れている。二〇一二〜一四年についてみると、そうした転落事故は全国で年間八〇〜九〇件に及ぶ。その多くは、点字ブロックやホームドア、そして周囲の人からの声かけで防止され得ると言われる。だが、日本の場合はそれらのいずれもまだまだ進んでいないようだ。

第三に、人びとがある特定の価値観にしばられているときは、偏見がはびこりやすい。戦前・戦中の全体主義、軍国主義時代には、些細なことで「非国民」とか「国賊」と言うヘイト・スピーチが横行した。戦争が時代の価値観となるとき、強者と戦争の「役に立たない」とされる弱者の区別がつけられやすい。それは、ナチス・ドイツによる知的障がい者・精神障がい者、難病者の抹殺だけではない。日本でも、戦時中の学童疎開に際して、「知恵遅れ」の子どもたちは排除された。いま考えると恐ろしいことである。

さらに思いをめぐらすと、効率と競争が重視された高度経済成長時代にも、障がい者、女性、定住外国人、先住民族などの「弱者」がつくられた。その思考様式が無意識のうちに私たちの脳裏にしみこみ、障がい者はいないほうがよい、殺すのは「日本のため」という今回の事件の犯人の独善的な思い込みに反映してはいなかっただろうか。私たちが、地域社会と協働して、身のまわりから「弱者」のレッテルを取り去っていくとき、事件の再発は初めて防げるのではないか。

「少子化対策」として「女性の活躍」が叫ばれながらも、男女格差の縮小、女性の労働条件の改善や男性の働き過ぎの是正、保育所や福祉ワーカーの増設など、「男女共同参画」を進めるべき社会的条件の整備は大幅に遅れている。仕事の場では、男性は過労状態で、女性に「補助的労働」を押し付け、家庭の場では、育児はもっぱら女性の負担となる。このような男女分業の「駆け足社会」では、子どもが増えようもないだろう。このままでは、人口減少は必至と言える。

また、七〇万人に及ぶニート（無業者層）の大部分が、社会に背を向けている（彼らは新障害者基本法では立派な障がい者だが、障害者手帳をもらっているわけではなく、公的支援もほとんどない）。彼らにしてみれば、こうした一面的な生きにくい社会を拒否しているだけかもしれない。

第四に、経済低成長時代に人びとが慣れていない間は、私たちは容易に成長の復活に期待をかけ、「三本の矢（魔法の矢？）で成長を実現する」と叫ぶ政治家のデマゴギーに踊らされる。しかし、高度経済成長時代には戻りようもないので、その不満を外国に向けやすい。政治家はこの機会に軍備を進め、大国と戦争協力をして、「強い国家」「戦争のできる国家」へと日本を変貌させようとする。内憂を外「敵」に転嫁して、一時逃れと軍拡を試みるのである。

経済のグローバリゼーションによる格差の増大、女性、若者、子ども、高齢者の貧困と、国内の不満はしだいに積もっている。防衛費の増額の反面、社会保障費は削減の傾向を見せ、共生社会の前途は決して明るくはない。しかも、東アジアで同様にグローバリゼーションによる格差の増大、国内不安定に直面する隣国（とくに中国と韓国）との関係がかってなく悪化している。互いが「シャドウ敵」を「外患」に仕立てるべく試みる。国内で「弱者」がつくり出されるのと同じ仕組みである。

こうした時代に、為政者の意向をいち早く忖度《そんたく》して政財界からのこぼれ金にあずかるぶらさがり集団が、朝から晩まで、聞くに堪えないヘイト・スピーチを街頭で街宣車のラウド・スピーカーを使ってわめきたてる。これら雇われ集団ばかりではない。沖縄では、山原《やんばる》地方高江への米軍ヘリバッド（ヘリコプター着陸帯）移設工事に反対する住民たちに対して、本土から派遣された機動隊員が「土人」「シナ人」と罵声を浴びせかけた。権力格差がいかに人間を傲慢にし、占領軍のような上から目線で地域住民を扱うかを、まざまざと露呈したと言える。

戦争―経済成長―戦争の循環のなかで、偏見と差別が助長される。私たちが、こうした自らの内部の偏見や差別意識に立ち向かわなければ、共生社会、平和の社会は遠いものになってしまうだろう。

2　内なる偏見がもたらす社会的損失と相模原事件の教訓

次に、私たちの内なる偏見がいかに大きな損失を社会に与えるかについて、述べてみたい。

まず、障がい者と健常者は明確に分けられるものではなく、さまざまな心身機能の差異が各人の間にあり得る。健常者として生活していても、事故や病気や加齢によっていつ障がい者として社会の援助を受けなければならなくなるかは、定かではない。言い換えれば、健常者と障がい者は紙一重というよりも、むしろひとつながりの間柄で、誰もが障がい者となる可能性を持つ。障がい者に対する偏見と差別は、自らの生活選択の可能性を限定する。それは、社会の持つ可能性を損なうことにほかならないだろう。

他方で、障がい者に対する偏見と差別は、社会の持つ多様性、多様性のなかでの出会いが生み出す発見、革新を阻む。ナチズムや軍国主義のもとでの一糸乱れぬ行進が気味悪いのは、こうした上からの号令に誰もが従う社会は実は人びとの個性を否定する中身の空虚な社会であることを、私たちが知っているからだろう。差別は人権を否定し、社会の豊かさを単調にする。偏見や差別はこうして、社会の進歩を阻んでしまう。相模原市での悲惨な事件を教訓としたうえで、共生社会をどう実現できるかについて、次の諸点を挙げておきたい。

第一に、健常者と障がい者の間の領域の人びとへの公的支援にもっと目を配るべきである。グローバリゼーションの浸透を通じて、非正規労働者の比率が増え、所得や機会の格差が拡大し、貧困が増えている。ワーキング・プアや男女交際の機会に恵まれないニート、「孤族」として暮らさざるを得ない人びとも、少ない数ではない。社会生活へのアクセスに困難を感じる人びとへの居場所や出会いの場所の提供、教育訓練や起業融資といった公的支援の機会の拡大が望ましい。ソーシャルワーカー、ケアワーカーの養成、経済的条件の充実も、差し迫った課題である。

第二に、社会のなかで多元的価値観に目を開く必要がある。フィリピン、ベトナム、インドネシアなどから看護師、介護福祉士の受け入れを決めたものの、国家試験の合格率は低く、合格者の定着率も高いとは言えない。難民をもっと積極的に受け入れ、日本語と職業の訓練を提供して、社会を多文化の方向に開いていく必要がある。障がい者の世界は、多文化であると同時に「スローワールド」だ。価値観が一元化し、スピードと競争を重視する社会では、障がい者や定住外国人は肩身が狭い。多文化共生は世界的に見て、ポスト経済成長時代を形づくるうえでの大きな方向付けであり、私たちはスロー社会が持つ豊かさに慣れていく必要がある。

第三に、障がい者の人権の確立は国際的な人権と平和の確立の動きと相伴ってきた。そのなかで、社会から隔離されるのではなく、誰もが社会の一員として活動していくノーマライゼーションの考え方が確立した。障がいは単に身体や知的活動、精神面での機能にハンディがあるばかりでなく(それは誰にもある)、社会生活へのアクセスが拒まれていることにあると考えると、障がいは個々人の問題ではなく、社会の側の問題であることが明らかになる。

こうして、障がい者の人権確立は地域社会の福祉の問題とつながっているとする脱施設化、地域ケア、当事者主体、市民自治と参加といった、一連の地域共生の実践の動きが起きてくる。そして、コミュニティ・ケアの運動がそのまま、高齢化や過疎化が進む地域社会の再生の動きにつながる。つまり、障がい者福祉の運動は地域自治・共生の運動として、時代を先取りするものであることがわかる。

これらの点に注意を払ったうえで、地域ケアの例を二つ挙げ[5]、それがポスト経済成長期の日本を先導する動きであることを示すことにしたい。

3　ポスト経済成長期を拓く二つの地域ケア

ひとつは、北海道浦河町の浦河べてるの家だ[6]。べてるの家は、浦河赤十字病院の精神科を退院した回復者たちが浦河教会堂の旧会堂を拠点として一九八四年に始めた、生活共同体である。このコミュニティは同時に職業の共同体であり、ケアの共同体でもある。

現在、精神障がいの回復者・患者ばかりでなく、さまざまな障がいを持つ人たちが一〇〇余人、程度の差はあれ事業に携わって運営している。グループホームの経営、就労支援、生活サポートなどのサービス提供、日高昆布の加工・通販、書籍・ＤＶＤの出版、地元産物の福祉ショップといった自助事業を行い、二〇一四年度の事業収入は三億二〇〇〇万円（うち二割が国庫補助）にのぼる。浦河町では漁業、畜産業に次ぎ、農業生産額を上回る事業体である。参観者も多く、観光名所でもあるという。

べてるの家では「与えられる福祉」を排し、障がい者本人が自分と病気、自分と周囲の人間関係を見つめて評価を行い、それを言葉にすることによってリハビリテーションにつなげる当事者活動が盛んだ。(7)「べてるしあわせ研究所」という当事者研究所もあり、毎年、当事者研究の交流大会を開いている。「降りていく生き方」という言葉に表現されるこれらの当事者事業・社会活動を通じて、入院病床数も投薬量も大きく減った。福祉分野の社会的企業が、地域の負担となるのではなく、むしろ一次産業（水産業）―加工業―サービス業（販売）という経済循環をつくりあげ、地域振興の担い手となっている、内発的発展の事例である。

もうひとつは、東京都日野市に本拠を置くＮＰＯ法人やまぼうしだ。日野市の精神薄弱者施設「七生《ななお》福祉園」をＮＰＯ法人に改組して、二〇〇一年に生まれた。近くに重度障がい者療護施設があり、一九九〇年代以降、障がい者の当事者運動や地域参加運動も活発だったという。これに対応して、小規模作業所や有機農産物の八百屋を通じ、相互支援、地域ネット運動が発達し、「障壁のない地域社会日野を創る会」が「日野まちづくりマスタープラン」(一九九五年)作成の原動力のひとつとなる。自然との共生、市民の参加と自治、「障がいのある人もない人も共に生きる自立のまちづくり」を目指した活動である。

こうした流れのなかで、障がい当事者を含む市民主導による地域福祉社会づくりを具体化するアクターとして、やまぼうしは発足した。「スローワールド」事業(障がい当事者の視点を重視し、当事者の立場を日常生活の基準とすることによって、地域生活を変えていく事業、一二一ページ参照)と呼ぶ多面的な仕事の内容を紹介しよう。

高齢者の生活支援・介護事業、ヘルパー・ステーション、ケアホーム運営(五カ所)、就労支援、里山保全、有機農産物の販売、ペンションカフェや体験農園事業(北海道の富良野市と提携して行っている)。さらに、小学校跡地にベーカリー・カフェと配食センターを開設し、近隣の大学や企業、事業所の食堂と連携して、パン、焼き菓子、毎日二六〇食の弁当を供給し、利用者の評判もよい。パートを含めて一〇〇人あまりを二十数カ所で雇用し、三分の一は正規職員だ。二〇一五年度の年商は四・七億円にのぼる。行政、地域社会との連携を通じて事業を発展させ、特別な福祉団体としてよりも、高齢化する郊外型地域社会を活性化させる市民団体の一つと見なされている。

べてるの家とやまぼうしは、日本各地で数多いコミュニティ・ケアの一員として活動する障がい者団体だが、これらの脱施設型ＮＰＯが地域活性化の担い手ともなっている事実に注目したい。福祉と共生の社会としての日本の前途を照らし出すような心強い例と言える。

＊　＊　＊

以上見てきたように、共生社会の実現については、世界でも日本でもまだまだ大きな壁がある。この壁は、戦争と国家主義と経済成長信仰と結びついている。私たちの多くにとって、それは依然として高い壁である。しかし、それは決して乗り越えられない壁ではない。グローバリゼーションの進展と高齢化の進行とともに拡大する格差、貧困を背景に、障がい者の自立と人権を地域社会の場で実現していこうとする地域福祉、地域の自治、地域経済の振興、市民参加の運動を通じて、乗り越えられ得るものである。また、現実に乗り越えている実例もある。

それらは、本書に収めた「共生主義宣言」でいう「新しい体制への移行」の実践とも言えるだろう。高度成長期に「弱者」とされた人たちが、スローライフを通じて当事者主権を回復するなかで、偏見と差別の壁を乗り越え、豊かな生活を取り戻している。まさしく、ポスト経済成長期、ポスト・グローバリゼーション期の日本にとって、深い示唆を与える試みにちがいない。

(1) クレー(一九九九)。また、NHKEテレが「シリーズ戦後七〇年　障害者と戦争」で放映したドキュメンタリー映画「ナチスから迫害された障害者たち(1)〜(3)」(二〇一五年八月二五、二六日、九月一五日)参照。

(2)「障害」「障がい」の漢字表記は、法律用語では前者、当事者団体では害という字の持つ特定の世界観(心身の不自由な状態は誰でも見られる現象で、とくに「害」または「碍」とするのは偏見であるとする)を排して、ひらがなで表記することがある。本書では、法律用語に関しては「障害」、それ以外は「障がい」と表記する。

(3) 偏見(prejudice、事実の確認の前に善悪を決めてしまう行為)は、世の中の特定の視点に固執して、他の見方を拒否するところから生まれる。偏見の上に他者の人権を否定する差別(discrimination)が成り立つ。

(4) 身体障がい者は、身体の機能に関する障がいがあり、日常生活や社会生活に不自由が認められる場合、身体障害者福祉法によって、自治体から身体障害者手帳を交付される。知的障がい者は、先天的な知的障がいにより生活上の不自由が存在する場合、療育手帳が交付される。精神障がい者は、精神疾患や発達障がいが認められる場合、精神保健福祉法により精神障害者保健福祉手帳が交付される。

(5) べてるの家については、浦河べてるの家(二〇〇二)、向谷地生良・小林茂編著(二〇一三)、横川和夫(二〇〇三)、および、べてるの家HP(http://www.urakawa-bethel.or.jp/index.html)によった。やまぼうしについては、伊藤勲理事長の日本平和学会報告(二〇一六)、同(二〇一五)、および、やまぼうしHP(http://yamabousi.org/)を参照。

(6) べてるは、ドイツのノルトライン＝ヴェストファーレン州に位置するキリスト教の福祉共同体Bethel(ベーテル)に発する。ベーテルは、ナチスの心身障がい者迫害に際して、教会のもとに結束して障がい者を守った「福祉の町」として有名である。これと、アイヌ語で「深い霧」を意味する「べてる」の意味をかけた。

（7）従来の福祉概念が、政府や福祉団体によって提供される福祉にとどまり、障がい者本人の立場、主体性を考慮していないことに抗議して、一九五七年に「青い芝の会」（現在は「全国青い芝の会」）が脳性マヒ者たちによって結成され、健常者による差別、障がい者の自立と自活を訴える活動を始めた。その後、一九七〇年に横浜市で母親が脳性マヒの娘を殺害した事件、東京都府中市の施設で障がい者へのロボトミー（脳への外科的手術）など人権侵害が横行した事件を通じて、障がい者の自立生活運動が広がっていく。当事者運動は、これらの運動の流れと、国際的な障がい者人権概念の進展の上にある。当事者運動とは、福祉サービスのやりとりをめぐって、供給側本位ではなく、利用者の自立と自己決定を重視する、利用者本位の考え方と言ってよい。利用者主権の回復が患者の自立やリハビリにつながり、当事者主権とも言われる。浦河べてるの家（二〇〇五）、中西正司・上野千鶴子（二〇〇三）、参照。

［参考文献］

伊藤勲（二〇一六）「やまぼうし『共に生き・働く場つくり』のアプローチ」二〇一六年一〇月二二日、明星大学。

伊藤勲（二〇一五）「浅川流域で人が自然と豊かにくらせるまちを」『自治体ソリューション』二〇一五年一二月号。

浦河べてるの家（二〇〇五）『べてるの家の「当事者研究」』医学書院。

浦河べてるの家（二〇〇二）『べてるの家の「非」援助論』医学書院。

エルンスト・クレー（一九九九）『第三帝国と安楽死――生きるに値しない生命の抹殺』松下正明訳、批評社。

中西正司・上野千鶴子（二〇〇三）『当事者主権』岩波新書。

向谷地生良・小林茂編著（二〇一三）『コミュニティ支援、べてる式』金剛出版。

横川和夫（二〇〇三）『降りていく生き方――「べてるの家」が歩む、もうひとつの道』太郎次郎社。

第5章　現代世界における「農の営み」の根拠

勝俣　誠

「私は、〈自然〉や〈世界〉から知恵や想像力を受け取っている人、〈自然〉と直接つながり、その中を生きている人が詩人だと思います[1]」
——菊谷倫彦「詩人とは誰か」

1 日本型危機の克服と「農の営み」

「脱成長(décroissance)」も「共生主義(convivialisme)」も、ヨーロッパ、とりわけフランスから来た外来のコトバである。だが、そこから生まれた「共生主義宣言」は人類社会一般のあり方にあてはまるであろう広い妥当性を持っている。

一方で、この宣言には、いまから一七〇年近く前にヨーロッパで発表され、世界を駆け巡ったマルクスとエンゲルスの『共産党宣言』(一八四八年)のような、黙示録的かつ戦闘的な性格は見出されない。それどころか、世界の変革には唯一正しい道などないことや、お互いの相違と対立を認めつつ、人類の豊かさをモノの増産に求めない新しい文明を探る、きわめて緩やかな、かつ寛容な宣言内容である。

しかし、現代日本社会でこれらのコトバによってより広い討論の場をつくり、そこから変革の指針を見つけていくためには、思考の道のりが必要である。これらのコトバをそのまま受け入れるのではなく、それらが生まれてきた時代背景の違いと共通点をある程度明らかにし、その歴史的文脈も含めて多面的に考えなければならない。さらに、日本語、とくに平易なコトバで誰もが共生とは何かを論じられるようにする努力も必要であろう。もっとも、ここでこれらの比較検討作業をしてから共生主義の意義を展開することは、いまの私の能力を超える。

こうした限界を踏まえて、ここではとりあえず、「共生主義宣言」が訴える人類社会の危機を現代日本社会のさなかにおいて読み解いてみたい。実際、宣言が「全体をはっきりと捉えがたい危機や、終局が見えない危機に対して、人びとを動かすのは難しい」(四八ページ)と述べているように、危機の解読は日々目の前の仕事に忙しく追われる多くの日本人にとって容易な営みではない。そこで、この日本型危機はどのような特質として現れるか、この危機の解読と克服において「農の営み」にまつわる現代的イミになぜ着目すべきかを探ってみたい。

2　私たちは回しているのか、回されているのか

買う場は売る場

私たちが日々生活している日本では、モノやお金が未曽有の速度と規模で回っている。実際、

ビジネスや経済活動で、「回す」とか「回らせないとやっていけない」という表現をよく聞く。たとえば、中小企業の社長が銀行から運転資金を借りて、モノを作り、販売した代金から返済して、またモノを作るサイクルを、「商売を回す」と言ったりする。モノをどんどん買ってあげないと「経済が回らない」と言うこともある。

このような売り手と買い手の間の絶えざるやり取りの拡大運動は、資本主義という強大なシステムを形づくる特徴の一つだろう。私たちは日々、あるときは何かを売るために作る生産者で、あるときは何かを買う消費者という二つの役割を演じて生きている。

一九九一年に、「ブックオフ」という古本屋が登場した。扱う商品は、読み終わった本だけではない。CDやDVD、フィギュア、ミニカー、ゲームソフトなども含まれる。店内には、「お売りください」と大々的に宣伝するチラシやポスターが貼られている。買うことと売ることを同じ場で次から次へと完結させ、支払い時には「ポイントカードありますか?」と聞かれることに、私は「古書を買い入れます」という古本屋全盛時代には気づかなかった違和感を持つ。

たしかに、モノがこうしてリサイクルされ、まさに人から人へと「回る」と、ごみにはならない。また、中古品を安く買えるのはいいことに思える。ただし、とくに本に関しては、売ることに何となく抵抗を感じる。本のジャンルによるかもしれないが、かつてようやく買えた本は、いずれ売るなどと考えず、書き込みをしたりして「蔵書」扱いだった。

ブックオフのケースはモノとモノの取引だったが、いまではサービスというヒトとヒトの取引でも売り買いの同時広告が目立つ。たとえば居酒屋やファストフード店で、時間給を明示したアルバイトの求人広告が、お客向けの新しいメニューや商品のポップと同時に目につくのは、ごく当たり前の現象だ。

食べにくる人とサービスする人が同一人物であっても、おかしくない。最近では居酒屋のマネジメントを指南する本で「アルバイトは、働く客である」というコピーも登場している（大久保伸隆『バイトを大事にする飲食店は必ず繁盛する――リピーター獲得論』幻冬舎新書、二〇一六年）。アルバイトの待遇をよくすると、人手不足の現在でも働きたいバイト希望者が増え、当人も一層サービスにやる気が増すから、経営的に成功するという意味だろう。しかし、食べるためにバイトをしているのか、バイトのために食べるのか、わからなくなる。

回る経済を支えるお金の無限連鎖

会社や店舗で働いて賃金を得るとき、私たちは労働者になる。そのお金によって必要なモノやサービスを買うとき、私たちは消費者になる。このお金をとおして生まれる無限連鎖――一人二役は、産業社会を経てＩＴ革命と経済のグローバル化時代に突入した日本ではかつてない規模に広がり、密度を増している。

この無限連鎖を日本という国全体で見てみよう。総務省統計局の「労働力調査」によれば、現在日本の労働力人口に占める自営業主は一割以下で、約九割が企業や役所などの雇用者である。これらの人びとは、与えられた職場で稼ぐ賃金で必要なモノやサービスを市場で買って生活している。その消費額は、国内総生産（GDP）と呼ばれるお金で測った一年間の富の全体量の六割弱を占める個人消費の主役を果たしている。経済の基本的仕組みからすると、日本は就業者の圧倒的シェアを占める雇用者がたくさん働いて、たくさん消費すれば、どんどん「回る」状態、すなわち経済成長が実現する国である。

こうして経済がぐるぐる早く回れば「成長」となり、ゆっくりしか回らないと「不景気」などと呼んで一喜一憂している。人体で言えば、現代日本社会は、賃金というお金を体内に吸って、生活維持に不可欠な消費のためにそのお金を吐き出さないと生きていけない構造になっていると言ってもよいだろう。

経済中心の社会では、誰もが一生懸命働き、現金を得て、しかも貯めこまずにどんどん買って、経済を「回す」ことが奨励される。政府が意図的に中央銀行（日銀）を通じて大量のお金を経済に注入する狙いは、「いま使わないと、お金の価値が目減りして損をするのでご注意」という消費者心理に訴える政策である。

その根拠は、もたもたしている経済を再びぐるぐる「回す」には、人びとに新たなニーズを植え付け（シーズ）、消費支出へと導く、マインド・コントロールがもっとも効果的であるという人間観に由来する。すなわち、ここでの人間は一人ひとりが一見自由に消費を選択しているように見えるが、実際は時の政府の意向によって、期待感をもって消費を促進させたり抑制させたりできる、操作可能な存在とされている。

そこから、人間とはつまるところ市場を介して「稼ぎ―消費する」という連鎖の依存者にすぎないのか、という基本的疑問が生まれる。これからも人間は、この連鎖を支えるかぎりにおいて初めて生存が可能になるような世界を生きなければならないのか？　そして、これからもこうした無数の人びとによって日々繰り返される、巨大化かつ複雑化したお金のやり取りを通じたモノやサービスの売り買いシステムは、人類社会が行きついた市場原理という名の賢い仕組みとしてあり続けるのだろうか？　すなわち、どこまで私たちが経済システム依存型人間にされることを許すのか、という問いである。

この問いを現代日本社会のさなかで立てるとき、もうひとつ私たちが分析を避けられない現象は、インフォメーション・テクノロジー（情報技術、ＩＴ）の著しい革新と、経済の金融化である。

ＩＴ革命が形づくる世界とは――格差と生きづらさ

ますます加速化して「回る」経済を強く支えているのは、第二次世界大戦後に本格的に経済活動に利用される電子計算機に始まる、インフォメーション・テクノロジーの絶えざる革新である。これは、一般にＩＴ革命と呼ばれる、二〇世紀後半から加速化した、生産と消費を特徴づける社会経済文化現象である。

実際、二一世紀に入って、モノ、カネ、コト、ヒトの大量かつ高速の移動を支えるITは、とりわけ金融市場において未曾有の深化と拡大をとげている。それは、単に個人が場と国境を越えて簡単にコミュニケーションできるようにしただけではない。経済の広い金融化(financialization)を生んだのである。決済手段から金融商品の販売まで、いまやITと金融を結びつけた企業がグローバル巨大企業に成長している。二〇〇五～一五年の売上高増加率の大きい日本の上場企業ランキングでは、ディー・エヌ・エーが一位、カカクコムが六位、楽天が八位、ソフトバンクグループが九位である(東洋経済ONLINE、二〇一七年一月六日閲覧)。

経済の金融化の社会へのインパクトは、一方では、近年指摘されているように[2]、株などの金融資産を持つ層と貯蓄さえ持てない層との間の経済格差が激しい。OECDの統計では、先進資本主義国のなかで一九八〇年代まで経済大国であった日本はいつの間にか格差大国になり、一六%と高い子どもの貧困率が社会問題化している。

他方、経済の金融化とIT革命の進行は、産業構造のサービス化を促進した。たとえば、多くの先進資本主義国と同様に、第三次産業(サービス産業)の国内総生産に占める割合は四分の三程度である。製造業や第一次産業は大幅に減り、伝統的な三大産業区分では現状を十分に表せない。雇用面でみると、IOT(インターネットに接続されたモノを情報処理する仕組み)、ビッグデータ(巨大で複雑なデータの集積)の処理、人工頭脳などの技術革新で、事務職、マニュアル化しやすい職種の減少が予想される。

こうした技術革新のもとで新たに創出される雇用は、高度に専門化した技術や資格を持つ少数者と、ＩＴが代行できる職種内容と絶えず競合する多数の労働者との分極化が進んでいる。後者の労働条件はしばしば長時間であったり、神経をすり減らすきつい労働であったりして、労働の質の劣化が否めない。

経済成長によって雇用がより多く創出されるとよく言われる。だが、グローバル市場にさらされている日本国内の経済成長は、企業のグローバル競争力によって可能となる。これらの企業の目的は、ＩＴと金融手法をフル活用したコストの極小化と利潤の最大化である。雇用創出のために企業の成長を目指しているわけではない。したがって、事業拡大の結果として生まれる雇用は、できれば最小限に減らしたい人件費というコスト要因である。

より少ないコストでより多くのモノやサービスが生産される現代日本社会は、格差を拡大しつつ、職種の縮小（失業）と労働の質の劣化（低報酬）を生んでいるのだ。それは、いったい何のための経済成長かという根本的疑問を私たちに投げかけている。

二つの危機に直面する日本社会

「共生主義宣言」も指摘しているように、経済活動が国境を越えて未曾有の規模と速度で広がるなかで、日本社会は二つのつながりの危機に面している。ひとつは、人と自然のつながりが見えにくくなり、自然環境の劣化や破壊により人びとの生命や生活が脅かされている危機である。もうひとつは、仕事の忙しさが増し、貧富の格差が広がるなかで、人と人のつながりがますます見えにくくなっている危機である。

この二つのつながりの危機をどう読み込み、そのつながりを回復するには、どんな思考の回路があるのか？　環境を持続的に大切にした、人びとが互いに違っていても共に居場所を見つけていける世界を、モノと情報の洪水と日々の忙しさのなかで、どこまで夢見ることが可能なのか？

この問いへの答えは、一人ひとりの「豊かさ」とは何かを問い始めた半世紀前に遡ることができるだろう。経済成長を目標にして、お金で測られるモノとサービスを年々増大させることが本当に豊かさにつながるのかという疑問は、一九六〇年代から出されてきた。以下、「豊かさ」とは何かという問いかけの半世紀をごく簡単に振り返り、いまなぜ改めて豊かさを問うのかと、その性格の共通点と相違点を提示してみたい。

3　「豊かさ」の現代史

「くたばれＧＮＰ」——一九六〇年代末～七〇年代初頭

戦時下の耐乏経済を経て、第二次世界大戦後もモノ不足に直面していた日本社会では、とにかくモノを増産して国民により多く供給することに広い合意があった。国民総生産（ＧＮＰ）の

「国民」というコトバには、大量生産と大量消費の主役としての労働者であり消費者でもある分厚い中間層的帰属に、自らの居場所を見出せる重みがあった。一九六〇年に政府が打ち出した「国民所得倍増計画」(一〇年間で月給を二倍にする)は、一生懸命に働けば欲しいモノが手に入るという、労働者に向けた希望のシナリオでもある。

実際、一九六〇年代には「高度成長」と呼ばれる二ケタ経済成長が実現し、多くの人びとにモノの豊かさを実感させた。当初は白黒テレビ、洗濯機、冷蔵庫、さらに一九六〇年代なかば以降はカラーテレビ、自家用車、クーラー(モンスーン気候帯の日本の夏の蒸し暑さを和らげる冷却装置である)が豊かさを実感させる耐久家庭電器消費財として普及していく。

しかし、一九六〇年代末の高度成長期の終わりごろになると、二ケタ成長による国民総生産の追求だけでは国民の豊かさに必ずしもつながらない、という問いかけが生まれる。一九六九年には、経済企画庁が「豊かさへの挑戦」と題する年次経済報告で、経済的・社会的なアンバランスの解消に向けた「真に豊かな経済社会」の確立を提唱した。そして、一九七〇年に朝日新聞が「くたばれＧＮＰ」を連載し、流行語となる。

その背景には、高度成長を象徴する大衆消費財の普及の一方で、大量生産施設や工場が外部に出す排気ガスや排水が地域住民の健康と環境を破壊する現象の顕在化がある。一連の出来事は「公害」という名で広く知られ、それに反対する住民運動が起きていく。「くたばれＧＮＰ」には、こうした時代背景のもとで、戦後の日本経済の成功のはらむ負の側面を分析する狙いがあった。

高度成長の負の側面に焦点をあてた運動と研究は、労働現場において体制の変革を唱えてきた従来の運動と分析手法とは異なっていた。すなわち、経済成長によって完全雇用に近い状態にあった日本の賃金労働者による労働条件の改善要求・体制批判とは異なり、地域の生活の場からの体制再考を提起したのである（勝俣誠「南北格差と「南」の豊かさ」勝俣誠／マルク・アンベール編著『脱成長の道――分かち合いの社会を創る』コモンズ、二〇一一年）。

「くたばれＧＮＰ」論の主たる問題提起は、エコノミスト都留重人の『公害の政治経済学』（岩波書店、一九七二年）に代表される。彼は、企業がより多くのモノを生産して売り、労働者はより多くの所得を得てより多く消費するために買うというお金の関係は、人びとの生活に対してマイナスの効果を及ぼす場合があると述べた

『公害の政治経済学』は、今日も現代的意味を持つ。それは、都留が経済成長のマイナス面（市場と政府の失敗）を是正すればよいという政策論ではなく、資本を絶えず蓄積しなければ存続できないという資本主義体制が内包する論理を、生活者目線で提起したからだ。換言すれば、生きることの豊かさを妨げる要因を、資本主義という体制ないし世の中の大きな仕組みの問題として提起したのである。

一九七〇年代の石油ショックと資源制約論

「公害」という生活の質を問う時代の課題に、さらなる問いを付け加えることになったのは、一九七三年一〇月に起こった第一次石油ショックである。輸入石油価格は四倍近くまで上がった。国際原油市場で大きな販売シェアを占めていたアラブ産油国が団結して、第四次中東戦争でパレスチナを占領したイスラエルを支持する欧米諸国などへの経済制裁として、石油輸出を禁じたことがきっかけである。

アラブ諸国からの石油に大きく頼ってきた日本は、中東政策を見直すとともに、安価だったエネルギー資源の重要性を痛感することとなった。実際、日本は一九七四年に、第二次世界大戦後初めてマイナス成長を記録する。そして、さまざまなモノの値段が上がるかもしれないと恐れた消費者は、トイレットペーパーや洗剤の買い占めに走った。

国際市場では、銅や鉄鉱石などの鉱物資源からコーヒー豆やカカオなどの農産物まで高騰した。そして、石油、鉄鉱石、銅などの鉱物資源を豊富に持つ「南」の途上国が、「資源ナショナリズム」の目覚めによって、先進工業国に対して新しい国際経済秩序を要求し始めたのである。こうした内外の変化から、日本では経済成長を無限に追い求めることはできず、資源の制約を考えなければならないという声が出てくる。

天然資源の希少性から経済成長を問い直すこうした議論は、専門家からなる民間のシンクタンクであるローマクラブが発表した『成長の限界』とほぼ重なる。このレポートは、このまま地球人口が増え続け、環境破壊が進むと、一〇〇年後には人類生存の危機が訪れるかもしれないと警鐘を鳴らした。

日本のエコノミストの間では、このころから経済成長の持続性の根拠が問われ始める。たとえば、資源制約から経済成長そのものが困難になり、「ゼロ成長」もあり得るという経済予測が登場した（下村治「日本経済はゼロ成長軌道に入った」『週刊エコノミスト』一九七四年一月一五日号）。これに対しては、日本のイノヴェーションに支えられた強い国際協力で成長は可能であるという反論も、経済企画庁の金森久雄からなされている(3)。

いずれにせよ、経済活動と自然資源の有限性の関係が日本で初めて正面から取り上げられたことは、人間の生活は自然とのつながりなくしては成り立たないのではないかという疑問を人びとに広く投げかける契機となる。こうして、後に国連の「環境と開発に関する世界委員会」（委員長＝グロ・ハーレム・ブルントラント・ノルウエー首相）が一九八七年の報告書で「持続可能な開発」を提起したように、経済的営みは地球環境の有限性を理解したうえでのみ持続できるという基本的思考軸が広く共有される時代が始まった。

なお、一九七一年には、自然と共存できる農業と食べ物を目指して、生産者と消費者の提携を唱える日本有機農業研究会が生まれている。

リゾート開発と田舎暮らし――一九八〇年代

日本経済は石油ショック以後、低成長ないし「安定成長」の時代に入り、レジャーやゆとりというコトバがよく登場するようになる。その背景にあったのは、対米輸出の好調によって米国に対する貿易黒字が増加し、「日米貿易摩擦」と呼ばれる先進国間の経済関係問題だった。そこで、貿易赤字に悩む米国による赤字削減要求という外圧に答えるために、日本の国内市場でもっと人びとは消費すべきという政府の国内需要刺激策（一九八六年四月の「前川レポート」）が打ち出されたのである。一九八七年に成立した総合保養地域整備法（一般に「リゾート開発法」と呼ばれる）は、その具体策であった。

リゾート開発法の狙いは、地方の土地利用規制を緩和し、民間レジャー産業の開発ビジネスを促進して、内需を拡大することである。同法の第一条を紹介しよう。

「（前略）ゆとりのある国民生活のための利便の増進並びに当該地域及びその周辺の地域振興を図り、もって国民の福祉の向上並びに国土及び国民経済の均衡ある発展に寄与することを目的とする」

建設省（現・国土交通省）、通産省（現・経済産業省）など五省がこの法を所管したが、働く人びとの労働や福祉を管轄する労働省や厚生省（現・厚生労働省）は、含まれていない。これは、開発ビジネス優先の性格を端的に示している。

上からのリゾート施設建設という名の、官民一体の大規模開発事業ないし地域活性化は、多くが期待されたレジャー需要を見込めず、財政的に破綻した。しかし、日本社会には、余暇の楽しさを発見し、もっとゆとりを持って生活したいという願望が、全般的とは言えないまでも確実に広がっていたと言えよう。

そうした時代に、また農村の過疎化現象のなかで、老後の田舎暮らしのために別荘を求める動きが起き始めた。ごく少数ながら、都会生活を離れ、自給生活を試みる文化運動も、各地で見られるようになる。雑誌『田舎暮らしの本』が創刊されたのも、リゾート開発法が成立した一九八七年だ。

同時に一九八〇年代は、米国のレーガン政権、英国のサッチャー政権、日本の中曽根政権に代表される、新自由主義の時代でもある。新自由主義は、従来の高度成長の上に立った福祉国家像を見直す時代の始まりを告げた。「福祉切り捨て」と言われるなかで、社会から落ちこぼれたくなかったら、国家に頼らず自助努力で頑張るしかないという考え方が、これらの政権下で広まっていく。労働組合のような労働者が互いにつながって自らの生活向上を図ろうとする動きを封じるために、サッチャー首相はこう語った。

「社会などというものは存在しない。存在するのは、男、女という個人と家族だけだ」

このコトバは、生活が苦しい理由は社会の問題ではなく、本人の働き方であるというメッセージとして、日本でも知られることとなる。企業に受け入れられるために自己を適応させ、欲しがられる人材となるための「自己啓発」によって、とにかく生き残ろうとする個人戦略の時代である。大学教育においては、社会の体制を読み解く知的訓練より、市場の動きを読み、それに適応する技術を学ぶマネジメントとマーケティングが重視されだした。

4　断絶とつながりの回復

二〇〇〇年代に入ると、人間の活動とその価値について、市場中心思考だけでなく、新たな時代の与件が加わる。予測できない身体への危険をどう回避するかという、生命そのものに関わるセキュリティ問題である。換言すれば、大量移動・大量情報の時代に、誰が危険で誰が危険でないかを絶えず管理しなければならない社会の出現である。

市場プラスセキュリティの時代

一九八九年にベルリンの壁が崩壊し、国際社会を二分してきた社会主義諸国対資本主義諸国の対立がなくなった。冷戦の終結である。体制をめぐる対立関係の消滅によって、国防費の削減分を経済的繁栄のための資金に回すことができるという「平和の配当」論が、米国や国連の場で語られた。

だが、市場によって平和の秩序を見出すというシナリオは、現実の世界からはほど遠い。それどころか、一九九一年の湾岸戦争に始まり、二〇〇一年に本格化する反テロリズム戦争が、新たな武装紛争の時代を告げる。米国主導の対イラク戦争、アフガニスタン戦争、リビアやシリアでの戦争など、中東(西アジア)およびアフリカ地域では、今日まで地域武力紛争が絶えることがない。

同時に、国民国家のもとで、国内産業を守るために市場開放に慎重だった欧米と日本の政府は、方向を転換していく。各国が市場開放のためにより大胆な規制緩和策を競って打ち出した結果、市場のグローバル化が拡大した。さらに、情報テクノロジーの加速的発達は、モノの取引額をはるかに超える資本や為替の取引額を可能にし、グローバル金融資本主義の時代が始まる。

こうした国際的状況のもとで、日本国内では貧富の格差が顕在化し、聞き慣れなかった「格差社会」というコトバが徐々に広がった。ここで重要なのは、一つの社会で格差が広がりすぎると、同じ社会のメンバーであるという一体感が薄れることだ。

そもそもＩＴ革命に支えられた金融のグローバル化による経済規模の拡大は、米国のように労働生産性を向上させる一方で、中間正規雇用層(一九六〇~七〇年代に和製英語「サラリーマン」と呼ばれた層)を省力化と代替化の対象として削減してきた(『日本経済新聞』朝刊「ゼミナール」二〇一六年三月一五日)。要するに、ＩＴを駆使した経営による中間層の中抜きないし雇用削減である。こうした経済社会構造を前提として旧来の完全雇用を目指そうとすると、高度技術労働か低賃金の不正規サービス労働という分極化＝格差が生まれる(4)。

二〇〇一年九月一一日の米国における同時多発テロ事件が、より速く、より多くのモノやサービスやお金を動かすグローバル経済のもとで生じたことは、特記に値する。以後、大都市や空港などで人びとの監視は強化される。万人が万人に隣人として近づく社会は遠ざかり、誰もが不信感を持って他者を警戒する安全優先の社会がかつてない形で進展する。ここでもＩＴの活用の反面、安全の名のもとで万人の監視体制がどこまで拡大・深化していくのかが問われる。金融取引の手続きでも、個人の認証が優先される時代が始まった。

三・一一以降の「つながり」の探り方――豊かさのパラダイム転換

二一世紀に入って日本では、反テロリズム戦争という新たな国外不安要因に加えて、二〇一一年三月一一日に東日本大震災が発生し、東京電力福島第一原子力発電所の炉心溶融事故が起きた。放射性物質により地域の生活は破壊され、自然は汚染され、多くの人びとが放射能汚染という新たな不安に怯えることとなる。

一方で多くのボランティアが被災地を訪れ、苦境にある人びとを支援した。それは、一九九五年の阪神・淡路大震災で多くの人びとが救援活動に無償で駆けつけたように、人びとのつながりの価値を再発見する機会となった。しかし、官民一体のこのボランティア・ブームから生まれた、復興支援というキーワードによる上からの「絆」のメディア化は、やがて限界を見せる。

それは、とりわけ福島第一原発事故に関して顕著だった。そもそも、なぜ天災の多い日本列島に原発五十数基を建設し、なぜ放射性廃棄物の最終処理など安全性が確保されていない巨大エネルギー生産に固執するのか。また、なぜ現代日本社会の人びとはかくも大量の電力を必要とするに至ったのか。こうした開発の過剰性の問題は、経済成長の再現をひたすら夢見る政府とその政策を疑問視しない人びとから、問われることがなかった。

かくして、冷戦の終結直後に多くの人びとが期待した、安心して暮らせる社会の将来像は、九・一一のテロ事件と、三・一一の大震災によって、限りなく不確実で不安に満ちた未来像に取って代わられる。さらに、長期化する低成長経済のもとで顕在化する貧困と格差の拡大は、人びとのつながりを脆弱にしていく。

日本は米国と中国に次ぐ世界三位の経済大国で、高度に産業化した国である。にもかかわらず、成熟した社会が持つはずのゆとりは、一部の富裕層を除いて実感できていない。労働時間の長さと格差という二つの面から、ゆとりの喪失の理由を探ってみよう。

今日、私たちの生活には、便利さを実現する道具や手段があふれている。前述した高度成長時代の家電製品は、家事労働を大いに楽にした。現在も家電製品の性能は高まり、ロボット掃除機まで登場している。家事労働に必要な時間は大幅に短縮された。

低成長時代に入ったとはいえ、モノやサービスの生産量も減っているわけではない。そして、これらを生産する単位あたり労働量は、ＩＴなどのテクノロジーの急速な発達によって減っている。つまり、より少ない労働量でより多くのモノやサービスが生まれる時代が続いているのだ。ところが、ここ数十年、日本人の労働時間は減っていない。厚生労働省の「毎月勤労統計調査」によれば、一般労働者の年間総実労働時間は、一九九四年が一九九九時間であるのに対して、二〇一五年は二〇二六時間とむしろ増えている。

では、必要なモノやサービスをより少ない労働量で満たせる時代になったのに、多くの人びとはなぜ、相変わらず忙しく働かなければならないのだろうか。

いろいろな理由が考えられるが、社会全体で言えるのは、冒頭で指摘した「お金の連鎖」による経済的拘束があるからだろう。すなわち「必要なモノ・コト」が次々と新たに商品として売り出され、それらを購入するためにさらに収入が必要になり、働かざるを得ないからである。しかも、収入ないし実質賃金は目に見える形で増えず、パートタイム社員や契約社員の増大が全体として実質賃金を低く抑えている。

こうして働く者の経済社会条件が劣化し、所得と資産における格差が増大した。すでに言及したごとく、かつて日本社会には分厚い中間層が存在し、大金持ちでも貧乏でもないと感じる人びとによって中流意識が広く共有されていたが、今日では多くの統計調査が示すように、格差の広がりが歴然としている。しばしば「格差社会」「分断社会」と呼ばれるゆえんである。

5 「農の営み」から現代世界を読み直す

見直される「農の営み」

こうしたつながりの喪失ないし希薄化を乗り越え、個人と人びとの共同活動によって、つながりを新たな社会の文脈で編み直そうとする試みは、社会的企業などさまざまな形で存在している。なかでも、人間の活動をもっぱら市場価値に求める経済至上主義に満足しない人びとによって、素人からプロまでを巻き込む働き方のつながりの回復のなかで、「農の営み」が見直されてきている。

まず、なぜ「農業」ではなく「農」と表現し、「労働」ではなく「営み」というコトバを使うか、簡単に説明しておこう。

総じて日本では、「農」に関する技術や思想は稲作を中心に農業者や農学系研究者から発信されてきた。こうした農学は専門化・細分化が進み、日本学術振興会の学術分類から見ると農学分野には八つの分科と二三の細目がある。また、農学には七〇以上の学会がある(進士五十八「基調講演 緑、農と都市づくり原論」『食農と環境』一七号、二〇一六年、三ページ)。他方で、小規模でかつ大地に根ざして発展してきた日本農業は今日、グローバル市場下のIT革命や大規模事業化などが進み、著しい変容をとげている。

ここでは、大地からの生産物たる農産物を、市場販売を前提とした商品と区別して考える。そのためには、「農業」ではなく、歴史的に培われてきた生命の維持を目的とする財（食べ物）の生産に関わる概念として「農」と表現したほうが、より広い考察を可能にし、論点を明確にできる。

また「労働」も、賃金労働が支配的な現代日本社会にあっては、貨幣報酬を目的とする企業による雇用労働と区別しにくい。これに対して「営み」は、社会で生きるための人間の行為の総体のなかで選び取る、必ずしも生産物を商品化しない行為として捉えられる。本章の目的は、現代世界の解読のためであり、農業生産の向上や農業経営の継承や新規就農の促進といった農学からの技術的・経営学的考察ではない。したがって、「農の営み」と表現する。

さて、こうした区別を踏まえて「農の営み」を見ると、そのなかで古くて新しい動きが見出されることに注目したい。

「古い」と言うのは、日本においてやや単純化を覚悟で表現するなら、すでに近世において「農の営み」は安藤昌益や二宮尊徳などに称賛され、二〇世紀に入っても農こそがあらゆるものの基本であるという農本主義思想が登場していたからである。「新しい」と言うのは、農業という第一次産業部門が日本経済において衰退するなかで、「農」という表現のもとでの生き方、ライフスタイル、働き方、そして農村と都市や生産者と消費者との新たな関係づくりが再評価されてきているからである。

こうした動きの大きな特徴の一つは、従来の農学や農業セクター論が展開してきた産業としての重要性よりも、むしろ、現代世界の生き方とあり方を農から見直そうとする視点である。すなわち、「共生主義宣言」にも見出される「人と人とのつながりや協力を大切にして、他者への思いやりと、自然への配慮を忘れない暮らし方」である（五〇ページ）。

第二の田舎暮らしブームと市民農園ブーム

一九八〇年代後半の田舎暮らしブームを第一のブームとするならば、今日、日本では「農の営み」に関連して第二の田舎暮らしブームが訪れているようである。都市部から農山村へ移住して農の営みを試みる人びとや、週末に通う人びとが、少なくない。人口移動や多様な就業と市民活動に着目し、「田園回帰」とも呼ばれる。また、都会に暮らしながら、まったくの素人として家庭菜園や市民農園で野菜を作る人びとの営みも、新しい文化現象として注目されている。これらは、必ずしも「業」として位置づけられない営みである。その主体は、定年後の高齢者層から若者まで世代を越えている。

この第二の田舎暮らしブームの背後には、少子化・高齢化・経済のグローバル化の時代に、一部の輸出型大企業を除いて、国内産業が停滞している事情もある。構造的低成長に対応するため、過疎化した地方に移住を促進する財政的な政策誘導がその一因だろう。これを内発的文化運動現象として評価することには、慎重さが必要だ。なぜなら、この政策的介入の背後には、日本経済のグローバル化を推進するために、「選択と集中」のスローガンのもとで、生き残れる地方のみを補助金などの経済的刺激手段で選別しようとする、中央発の新たな成長戦略を読みとれるからである。

しかし他方では、これまで見てきた現代社会の生きづらさから自由になるために「農の営み」を選び、たとえ片手間でも大地に根ざす生活スタイルを実践したいという動機も存在するだろう。「農の営み」と生きづらさからの自由はどうつながるのかを見ることによって、「農の営み」の現代的意味を考えてみよう。

「農の営み」が持つ自由の意味

第一に、「農の営み」は、人間が自然に直接働きかけて自らの生命に不可欠な食料を入手できることを実感する、もっともわかりやすい行為である。自ら作り、自ら消費する行為は、自給自足と呼ばれる。このコトバは、「農の営み」を試みる人びとからしばしば聞かれる。そこでは、生身の人間が自然の摂理に従って自らの生命の源泉を探ることができる。お金は必ずしも介在しないので、「お金の連鎖」の出番はない。

第二に、第一とも関連するが、指図からの自由である。外部の指図で働くことによってお金という報酬を受け取る賃金労働とは、決定的に異なる点だ。農作業は季節に合わせて、自分で段取りを決める。土起こしや草取りなどの作業はきついが、楽しい。その結果として生まれる農産物は、自らの生命を支える食料となる。自分で作って、自分のニーズを満たせる。自家消費分を超えた余剰生産物ができれば、市場経由の販売も、他者が作った農産物との交換も可能である。働くプロセスに納得がいき、かつそこから生み出される農産物の経路にも納得がいく、という二重の充足感が味わえる。

大規模な組織やシステムのもとでは、生身の個人は、何かわからないがとにかく与えられた仕事を、決められた段取りで行うことを引き受けざるを得ない。そこでは、「農の営み」のような豊かさを味わうことは難しい。「農の営み」はたとえ週末しか実践できなくても、販売や交換を自分と顔の見える範囲内の規模に限定すれば、大規模システムを支える「お金の連鎖」から相対的に距離を置き、現代社会を読み直す機会を与えてくれる。

第三に、景気変動からの自由である。(5) 現代の日本は、グローバル化する経済に埋め込まれ、その経済ネットワークによって私たちの生活は左右されている。一九七〇年代の二度の「石油ショック」の際には石油価格が急騰し、人びとは大騒ぎした。

最近では、二〇〇八年のリーマン・ショックに始まる金融危機が挙げられる。素人ではわからない、リスクが高いローンを巧みに複数組み込んだ「金融商品」がどんどん売れ、売り手も買い手も熱狂して取引に参加したものの、ひとたび金融機関の経営が危うくなると、不安が広がる。大手投資銀行が経営破綻した結果、証券価格は暴落し、金融商品の持ち主だけでなく、関連国の経済全体が縮小し、人びとの生活に影響を与えた。二〇一〇年のギリシャにおいて、対外債務の返済が困難になって生じた金融危機では、国家財政そのものが破綻し、多くの国民の収入が激減し、目に見える形で生活水準は低下した。

このように株や債券のような実体のないマネーゲームに依存する今日の経済では、普通の人びとが関与も理解もできない遠くの出来事によって、失業したり、家賃を払えなくなったりする。また、政府の経済金融政策によって消費行動が方向づけられる。これに対して「農の営み」指向の生活スタイルは、絶えずうつろう景気変動のショックに対して相対的に強い。なぜなら、食べ物やエネルギーなど生活に不可欠なモノの多くないし一定部分は、地域内で調達できるからである。

第四に、すべてのモノに値段がつけられ、交換されるという市場のルールからの自由が可能である。農産物を友人や近所の人びとにお裾分けしたり、いただいたもののお返しにできる。困っている他者に余剰農産物を贈る余裕もできる。そこから生まれる社会のルールは、市場の価格競争ではなく、分かち合いの協力である。

「農の営み」を支える技術の豊かさ

では、この四つの自由を発見し、味わえる「農の営み」を支える技術は、どのような特徴を持つのだろうか。

第一に、生身の人間が主体となる技術である。外部のエネルギーや機材に頼らない。工業化

・ハイテク化した農業を目指す観点からは、非効率的であり、労働集約的である。しかし、長い年月を経て、身体の持つギリギリの力を活かしながら労働量をなるべく減らしてきた省力技術でもある。

省力技術とは、生産活動において労働が節約された技術であり、労働生産性の向上としてしばしば表現される。だが、「農の営み」の非貨幣的側面に注目するとき、市場において絶えず更新される価格競争にさらされて（たとえば、より安く、より早く、より多く）向上させようとする生産性と必ずしも同じではないことに気づく。まったく販売を目的としないか、販売するとしても広域かつ大量の市場を前提としない小さな「農の営み」における労働生産性の向上は、コスト削減のためではない。多種類の作物の生産や自分が行いたい活動に時間をかけるために、できる範囲で労働量を減らすことを意味する。

換言すれば、すでに一九七〇年代にE・F・シューマッハーが『スモール イズ ビューティフル』（小島慶三・酒井懋訳、講談社学術文庫、一九八六年）で主張した、究極の身の丈の技術の再発見と言えるかもしれない。この作品がいまなお現代性を持っているのは、社会の規模が限度を超えると生身の人間を分断するという巨大文明の危機を予言したからである。「大きなものを、小さな人間でも働きかけることが可能な規模まで小さくする」というのが、シューマッハーの最大のメッセージであろう。

第二に、誰でも多大な金銭的投資を必要とせず、容易にアクセスできる技術である。たとえば、鍬や鋤などの農作業の道具は、誰でもそれなりに使用できる。もっとも、使いこなすには、先人から指導を仰ぐなどの学びと熟練が必要となるが……。

第三に、遠い地域で設計・製造された高度技術に頼らないローテクノロジーゆえに、使う本人ないし地域内の職人レベルで農具や農業機械の修理が可能であり、壊れても手に負える技術である。近代農業では、効率化を目指して高価な農業機械を購入したものの、思うように収入が上がらず、大きな借金が残る現象も見られた。自分でコントロールと修理ができる範囲内にとどめる技術が、ハイテク時代以前を生きた世代にはまだ残っている。

第四に、伝統的農業が存続している地域において試みる「農の営み」の場合、先人や古老から教えを請うことのできる技術である。山深い山村ほど、外部世界との接触が相対的に少なかったゆえに、人間的労力と共同体の原理に支えられた伝統的技術が残っている可能性が高い。換言すれば、世代間のコミュニケーションによって、伝統的技術が継承され得る。地域内のコミュニケーションを否応なしに生み出す人間臭い、関係性を創る楽しい技術とも言えよう。

そのもっともわかりやすい事例は、種子の在来品種である。地域で古くから引き継がれてきた野菜や大豆などの種子の譲渡や交換が近年改めて注目され、いわば食と農の文化の継承運動が各地で盛んになりつつある。この運動の最大の特徴は、種子を商品として扱わない脱商品化のネットワークの形成だ。種子の引き継ぎを通じて、食べ物の生産と消費の知恵も次世代に引き継がれていく。

こうしてみると、いま再発見すべき「農の営み」を支える技術は、地域の古老を通じた過去の豊かさの再発見と、それへの敬意を生む技術とも言えよう。実際、古老が受け継いできた技術は、農業近代化以前の伝統的技術である。

農業の近代化は国の政策として進められた。それは、農業の工業化、すなわち大量生産した農産物の効率的な販売と、特定商品作物へのモノカルチャー化を目指す政策である。その結果、大量の労働力が工業部門に移動した。一方、伝統的農業の特徴は、化学肥料や農薬をほとんど使わず、地域の自然の力を活かした農法である。市場で購入しなければならない投入資材は少ないから、市場に対して相対的な自律性を保つことができた[6]。

6 モノの消費よりも自律を

都市を中心に大量かつ高速の情報によって人びとを結びつけている現代日本社会が、いまどこにいて、このまま進むとどこに向かうのかを突き放して考え、判断することは、決して容易ではない。

農林水産業や製造業などの、自然から富を取り出して加工するという、近代史における基本的な営みの経済的地位は、ますます低下している。そして、サービス業と呼ばれる流通、金融、情報、医療、教育といった経済活動が、就業人口からも市場価値からも大半を占めるようになった。食べ物も工業製品も世界中から安く輸入されているからである。サービス産業は第一次産業・第二次産業と比べて、身体感覚が希薄である。生活面でも、身体的便利さを追求する道具が満ちあふれ、運転手の技術と判断を代行する自動運転車まで開発された。

また、かつては安定した生活の象徴であった終身雇用者（サラリーマン）は、不安定な期限付き雇用者に、ますます取って代わられている。さらに、所得および資産面で貧富の格差が激しい。

少子高齢化という構造的変化のなかで、長引く経済停滞の再活性化を目指す政府は、金融緩和や地方創生といった政策介入で経済成長を再現しようとしている。しかし、冒頭に述べたように、お金の連鎖は、手にしたお金をすぐ消費や株に回すだろうという政策の期待どおりに作動していない。そして、モノがあふれる一方で、生きづらさが語られている。

労働人口の減少、成熟社会におけるモノ離れなど、日本資本主義は新たな段階に入った。そこで新たな知の対抗軸を探るとき、たくさん働いて購買力を増やせば幸せが実現するという経済成長信仰がもはや優先的価値にならないことは間違いない。

経済成長を自明のものとして受け入れ、そのために邁進した時代の基本的対抗軸は、「欠乏VS大量消費」であった。だが、経済成長と豊かさのつながりが見えにくくなる今日、一人ひとりの生活の質とゆとり（道草や寄り道）、自由時間の確保などを価値として優先する動きが、いつの時代にもまして強まっているようだ。たくさん働いて、たくさん消費するという「お金の連鎖」への疑問である。買っているのか買わされているのかわからなくなっている時代の新たな知の基本的対抗軸として示唆できるのは、「他律VS自律」である。

なぜ、何のために、どのように、毎日働くのか？　そもそも労働とは何か？　お金とは何か？　何のための消費か？　こうした生きるイミにまつわる基本的問いが提起されてきている。

人間とは自ら自由に考え、判断し、行動する存在であるとしたら、身体や思考を機能別に分解し、解読し、より早く、より楽に、より「賢く」かつ「学ぶ」、人工知能技術のサービス活動への応用や消費行動の予測などの新たな技術革新は、これまでの身体感覚や生身の人間が形成してきた知の体系を揺るがしかねない(7)。未曽有の速度と規模で進化する新技術が商品開発と統治の手法に利用されるとき、人間社会はどこに行くのだろうか？　人間の定義にも関わる、新たな知の軸が求められるゆえんである。

本章では、その新たな対抗軸を考え、深めるための入口の一つとして、誰でも試みられる「農の営み」の価値を示唆した。ただし、日本の農村部と都市部から見えてくる新たな「農の営み」の動きをより細かく観察し、より生きやすい世界のあり方を探る示唆を得るには、まだ不十分である。ここでは、農村部における「農の営み」の動きについて見極めていく必要があると思われる二つの方向性を記しておこう。

ひとつは、農村地域の活性化を従来の経済成長指向でもっぱら実現しようとする方向性である。もうひとつは、経済を地域社会に埋め込み、誰もが多様な生き方を、競争でなく共生によって選択できる農村ビジョンを政治によって実現していく方向性である。

ここでいう政治とは、地方や住民の自治を政治的に可能にするものであり、現行の議会制民主主義以上の意味合いがある。すなわち、グローバル化する現代資本主義を形づくる経済と社会とは異なる世界を展望する、構想力ないし想像力である。「共生主義宣言」でも、従来の政治と、そこから生み出される政策・ガヴァナンス論にしばしば矮小化されてしまう政治思考を、次のように批判している。やや長いが、「農の営み」をどの次元で深めていくべきかを明らかにするうえで重要と思われるので、引用しておこう。

「既存の政党や政治組織が、どんどん影響力を失っている。いま世界がかかえる問題を前にしながら、彼らは、より多くの人びとの信頼を得たり、その信頼を維持したりできない。それは、彼らが、理想的民主主義のあり方を示して見せることができないからである。異論や紛争を公正に表明してこそ、民主主義である。ところが、現在の政党や政治組織は、一般的政治見解を支配する次の二大前提を、いまだに断ち切ることができないでいる。それは次の二つだ。
①すべての問題における経済問題の絶対的優先
②自然資源（あるいはそれに代わる技術）の野放図な消費
この二つが、政府の政策を左右している。そして、この二つを前提にしなければ、権力の座にたどりつくことはできないのである」（五四〜五五ページ）
前者の方向性から見えてくるのは、経済のグローバル化を前提とした中央からの新農村開発の動きである。そこでは、第一次産業の衰退と農村部での人口減少に対して、市場経済の導入による再活性化政策が優先的な関心対象となる。ＩＴと記号消費（クラウド型マーケティング——何を買うのかより、何を買わせるのかによる「消費—生産連鎖」の加速化）、新たなビジネスの創業、効用という経済インセンティブのフル活用が特徴である。基本的には、経済中心主義的と言える。(8)

後者の方向性から導き出されるのは、新しい価値を示唆する文化運動である。この運動の主要な根拠は、たとえば「共生主義宣言」において「人の心を動かす友情や恋愛感情まで、計算と技術と管理の論理に従うようになった」（五七ページ）」という、現代の経済中心世界の再考である。モノゴトをもっぱら金銭に換算して判断することへの怒り、疲れ、成果主義と自分のスキル磨きのための過度の忙しさへの素朴な疑問など、非貨幣的動機を重視する。そこでは、お金をもらってあらかじめ決められた仕事（賃金労働）に人生の大半を費やすことに対する疑問があり、他律的な行動から自律思考とその営みへの願望が見出される。換言すれば、経済（手段）的価値より文化（それ自体が目的）的価値が重視されるのである。

たしかに今日、経済セクターとしての農業は、ＩＴ革命と経済のグローバル化で大きな変容をとげた。自然からの生産物というより、ハイテクが生む無農薬の水耕栽培によるレタスやトマトなどの市場化に向かう動きもある。しかし、そのかたわらで、「産業」ではなく人間の基本的「営み」としての「農」も存在し続けている。

経済中心主義的な動きは、基本的に経済問題を経済の論理（マーケティングによる新需要の開拓ないし喚起）によって解決しようとする点で、現代世界の危機を解読するうえでの新しい視点を与えるに至らない。それどころか、小規模農家を支えてきた自営と協同の原理を弱め、グローバルな企業競争原理を強化する方向に向かっている。それに対して、経済を一義的に求めない後者の動きは、経済問題を政治によって市民・地域住民の手に取り戻そうとする地域主権に立った文化運動につながり、現代社会を特徴づける「生きづらさ」を解読する強力な手立てになり得る。

この「農の営み」の非貨幣的価値を重視する生き方が今後も広がるなら、人と人を競争させて市場の拡大を至上目標とする経済セクターのかたわらで、自然と人、人と人が寄り添い、共通の感情を分かち合える領域が育つだろう。そこから生まれる自由な市民としての政治的判断をもとにしてこそ、新しい未来像を照らす切り口が見えてくるのではないか。実際、現代世界は市場原理だけで動いてはいない。税による富の再分配や助け合いの原理も共存している。システムの多様化容認原理の再確認である。

換言すれば、農の営みとは、経済的人間に還元されえない、自由で未知の想像力にあふれたアートと詩が人間を基本的に定義する、共生世界への道を展望する入り口にほかならない。

（1）菊谷倫彦「詩人とは誰か」『無名なものの詩と革命――孫世代から見た吉本隆明』菊谷文庫、二〇一五年、二二四ページ。
（2）たとえば、橘木俊詔『格差社会――何が問題なのか』岩波新書、二〇〇六年。
（3）金森久雄「戦後の経済論争」（第五〇回「日経・経済図書文化賞」記念によせて）日本経済研究センター、二〇〇七年一一月、参照。www.jcer.or.jp/bunka/pdf/bunkatokushu5(071105).pdf 参照（二〇一七年一月一三日閲覧）
（4）ポスト産業社会の労働の意味を問い続けた哲学者のアンドレ・ゴルツはすでに一九八八年に、次のような労働の変容を指摘している。「経済の領域の中で過剰に活動的な階級と、この領域から排除されたり、その周縁においやられる大衆という社会のこの分裂により、経済的エリートが自分の個人的利益のために、自分の代わりに安い価格で第三者を働かせることによってレジャーを買うような下部構造の発達が可能になる」（真下俊樹訳『労働のメタモルフォーズ――働くことの意味を求めて　経済的理性批判』緑風出版、一九九七年、一九ページ）。ゴルツはこうして生まれた安い労働を「召使い活動（activités de serviteurs）」と呼んだ。
（5）歴史的には、一九三〇年代初頭の世界恐慌に端を発した「昭和恐慌」がある。当時、日本の農家の半分近くは米とともに養蚕を重要な現金収入源にしており、生糸の輸出先の半分近くを依存する米国向け生糸価格の大暴落によって、深刻な貧困が発生した（大阪市立大学経済研究所編『経済学辞典第3版』岩波書店、一九九二年、七一〇ページ）。
（6）こうした古老の持つ、持続性が高く、人間の自由度を高める技術が農山村の高齢化によって消え去ってしまわないために、人類生き残りの知恵として保存し、共有する担い手が求められる。また、山村の集落で現在もほぼ確実に見出されるのは、自給のための基礎的物的基盤の残存である。私は山村の集落を訪問した経験から、これらの基盤を「自給三点セット」と呼んでいる。すなわち、①沢水の取水タンク、②小さな自給野菜農園、③農産物の保存、家具・農具、それらの修理用具の収納を目的とした納屋である。なお、この調査はトヨタ財団の二〇一四年度研究助成プログラムにも負っている。

(7) 遊牧社会を研究する社会人類学者の松原正毅氏は、二〇万年にわたる現生人類史の展開を振り返って、言語運用を基盤とした情報の活用が一貫して果たしてきた重要な役割に注目し、現在猛スピードで展開しているこの「情報の外在化」の流れを完全に止めることは不可能に近いとしている。そして、次のように自問する。「その流れのなかで可能なひとつの選択肢は、膨大な情報のなかから適切な選別を行う能力を養うことかもしれない。この場合、冷静な判断と分析、認識が常に不可欠となる。これも、至難の業である」(「流離する世界24情報の外在化」『坂の上の雲ミュージアム通信小日本』第二六号、二〇一六年六月)。

(8) IT革命の進化過程で、車や都市の空き部屋のレンタルを「シェアエコノミー」と名付けた、新たなサービスビジネスが生まれている。たしかに、車や部屋を複数の利用者が分かち合うという点ではモノの有効利用であり、所有しないという意味から「シェア」とは言える。しかし、有料であり、目的は利益実現に変わりない。たとえば米国の配車サーヴィス大手の会社は、自動運転による配車サービスで、最大コスト要因の人件費をゼロにして、事業収益の増加を目指している(中西豊紀「ウォール街ラウンドアップ」『日本経済新聞(夕刊)』二〇一六年一一月三〇日)。したがって、この経済現象を「お金の連鎖」から逃れる「モノ離れ」ないし「脱市場経済」として安易には評価できない。むしろ、人件費ゼロを目指す経済活動における「ヒト離れ」現象が、雇用と自由時間の観点から論じられるべきであろう。

第6章　ひろこのパニエ

——フランスで取り組んだ共生の産消提携

アンベール－雨宮裕子

1　実践研究からの学び

「ひろこのパニエ」は、フランスのレンヌ市の中心で立ち上げた有機農産物の産消提携グループである。レンヌ市はブルターニュ地方の中心都市で、人口は約二三万人、パリから西へ高速列車ＴＧＶで二時間ほどかかる。日本の提携にならって私が考えたパニエなので、グループ名は「ひろこのパニエ」になった。

パニエはショッピングカートや買い物かごを意味するフランス語で、産直の普及によって、カートの中身のセット農産物を指す言葉としても使われている。「ひろこのパニエ」は、「安全な農産物の産直による村おこしの可能性」という日仏共同研究プログラムの一環として取り組まれた実践研究である。研究がスタートしたのは二〇〇四年九月で、「共生主義」という概念が生まれる前のことである。それまでに、連帯経済やフェアトレードなどの勉強会の積み上げがあった。オルタナティブな方法で地域の経済を活性化できないかと考えて、産消提携を思いついたのだが、「ひろこのパニエ」は共生の試みの一つと言えよう。

農産物の産消提携による村おこしを研究対象にしたのには、いくつか理由があった。第一に、ブルターニュ地方出身の若者たちが、地元の村に残りたくても仕事がないと嘆いていたこと。第二に、ブルターニュ地方内陸部の過疎化が進み、村の伝承が途絶えて、民俗の宝庫がさびれてしまったこと。第三に、借金を苦にした農民の自殺が後を絶たなかったこと。[1]そして第四に、私自身がレンヌ市近郊の生産者の新鮮で安全な野菜が食べたかったことである。

問題意識もプログラムの立ち上げも、まったくの私事で、その渦に周囲を巻き込んだ実践研究だったのかもしれない。しかし、この実践研究をとおして「共生主義」への下地ができ、ブルターニュ地方には新しい産直グループが次々に生まれている。[2]「ひろこのパニエ」発足までの長い試行錯誤の日々は、私にとってまさに学びの連続で、試練から成長の鍵を得ることが多くあった。

本章では、私自身の野菜農家探しから始まり、小規模な家族農業を営むフランスの農民の苦境に触れ、それが提携産直グループを立ち上げるきっかけになった過程を振り返る。そして、「ひろこのパニエ」の実践経験から「共生主義」へ向かう道を展望したい。

2　新鮮で安全な地元の野菜を求めて

八百屋のない町

すべては怒りから始まった。パリのランジス市場に一極集荷される農産物の流通システムに対する、腹の底からの怒りである。

ブルターニュ地方は農業が盛んで、酪農、養鶏、養豚、そしてカリフラワーやじゃがいもなどの野菜の産地として知られている。ここレンヌ市も、市街地を一歩出れば、牛の放牧地が散在する田園地帯につながっている。パリから移り住んで、ゆったりした地方都市の暮らしに慣れ始めた二〇〇〇年のある日、妙なことに気がついた。大学の校舎の裏に牛が見えるというのに、町中に八百屋が見当たらないのだ。パリなら街角にいくらでもある、小ぶりの八百屋兼スーパーがない。町はずれにある大型スーパーまで車で行っても、並んでいるのは鮮度のよくないありきたりの野菜ばかりである。

たしかに、レンヌ市には立派な朝市が立つ。土曜日の午前中、目抜き広場いっぱいにスタンドが並んで、新鮮な野菜でも魚でもよりどりみどりだ。けれども、その朝市に行かれないときは、貧相な野菜しか手に入らなくて大弱りである。(3) 釈然としない気持ちでいたのだが、久しぶりのパリで、友達の言い放った言葉に眼が覚めた。それは、八百屋の店先に並ぶ旬の春野菜を見たときのことである。レンヌ市ではお目にかかったこともない野菜まであって、目移りするほどの品ぞろえに圧倒されていた私を見て、友達はこう言ったのだ。

「当たり前よ。パリには地方から旬の一級品が集まって来るの。高級レストランが高値で買ってくれるから。その残りを卸が買い取って、それでも売れ残ったのがレンヌへ戻されるんじゃないの」

そういうことだったのか。農業が盛んな地域に住んでいながら、旬の野菜が目の前を素通りしていく。中央集権の市場流通に怒りがこみ上げた。

連帯のパニエ

フランスでは有機農産物への関心が高く、一九六一年には「フランス有機農業会」が設立されている。有機野菜に特化した朝市も人気で、耕作地の五・八％が有機圃場である（二〇一六年末）[4]。日本の提携産直が有機農業の台頭に呼応しているように、フランスの有機農産物の生産増も直売の伸びに比例している。

安全で新鮮な地元の野菜を探し始めたら、少しずつ情報が集まってきた。レンヌ市近郊にも、独自の方法で有機野菜の契約販売に取り組む人たちがいて、有機野菜のパニエがいくつかのポスト（置き場）に届けられていた。そのひとつが、ブルユ農園の「連帯のパニエ」だ。ブルユ農園は「夢の楽園」の傘下にあり、長期の失業などさまざまな理由で社会から疎外された状況にある人たちに有機農業を指導する、社会復帰の支援施設である。

「夢の楽園」はフランス各地に拠点を持ち、レンヌ市にブルユ農園が開設されたのは一九九二年である。市の近郊に三・五ヘクタールの空き地を借り、刑務所の出所者を受け入れて、農業技術者が有機の野菜作りを教えている。収穫された野菜は「連帯のパニエ」に毎回六種類ずつ入れられ、契約消費者が週に一度、市内の指定ポストへ取りに行く。農園の経営には国の補助金[5]が拠出されているので、パニエの中身はかなり充実している。

指導員たちは、作物の出来不出来より、農作業する人たちの心のケアのほうが大変らしい。朝きちんと決まった時間に起きて何かを行うという習慣を忘れてしまった人たちだからである。毎朝、約束の時間どおりに農園へ来ることだけでも、初めは難しいそうだ。有機野菜作りは、作物の成長を体験しながら時間の流れを意識するのに役立つという。販路は、その意図を理解する支援者たちと、有機野菜が欲しい消費者たちである。

ブルユ農園に受け入れられた人たちは、復帰のステップとして農業体験をしていく。雑草を抜いたり虫を取ったりする手作業を、自分のリズムでゆっくりこなしていけばいい。太陽の昇る時間に畑に立って、作物と同じように命を与えられている自分を確認する。それで自信がつけば、社会との距離が縮まっていく。

「連帯のパニエ」には、見事な野菜が入ってくる。ブルユ農園の意義を考えれば、支援者の一人に名を連ねてもよかった。だが、「連帯のパニエ」には、作り手の顔がない。有機野菜作りに取り組んでいる人たちは、農業が好きというわけではないのだ。だから、指導員たちは消費者との交流はめったに企画しない。たしかに野菜は育つけれど、育てる人の心は野菜に向かっていない。作ってくれた人と野菜の話ができないのは、なんとも寂しい。私は、野菜さえ手に入ればいいとは思えなかった。丹精して野菜を育てている農家を見つけたい。農家の笑顔が見える当たり前の露地野菜が欲しいと、つくづく思った。

慣行から有機へ

そうこうするうちに二〇〇四年二月、有機野菜を作っている農家が、レンヌ市から五キロの近郊に見つかった。四カ月の契約先払いで、週一回、市内三カ所のポストに有機野菜のパニエを一八〇個配達しているガビヤール夫妻だ。

彼らは両親の跡を継いで、四ヘクタールの農地に人参やビーツなどの野菜を作っている。初めは親を手伝い、慣行農法で作っていたという。経営を任されてからは、七年周期の輪作を慣行農法で五年間やってみたが、採算がとれなかった。農薬を増やして収量を上げるか、品質で勝負するかの選択を迫られ、友達の勧める有機農法に切り替えたという。栽培方法を教えてくれる友達がいたうえに、有機農業への転換者に国から補助金(6)が出ているときだったから、あえて踏み切れたという。それでも、近隣農家には転換を危ぶむ声が多く、有機農法に対する偏見も強かったそうだ。

ガビヤール夫妻は「夢の楽園」から販路を受け継いで、産直を始めた。夫婦で取り組む有機野菜の生産の三分の一はパニエの契約販売で、希望者は順調に増えている。消費者会員との交流がほとんどないことを残念がるが、経営は上り坂で、転換してよかったと言う。

ポストを引き受けてくれている個人宅に頼んで承知してもらえれば、我が家も仲間に加えてくれるという。我が家からそう遠くないところに、ポストの家があるそうだ。早速電話をしてみると、「一五のパニエで一杯で、友達からの頼みも引き受けられない状態だ」とあっさり断られてしまった。取りに来るのを忘れる人がいたり、雨が降ってくればガレージの中に入れたりで、一五軒分のパニエの管理は容易ではないと言う。たしかに、ポストを引き受けた家にし

パニエの日に野菜やパンを並べるシュミットさん

てみれば、私の申し込みは面倒を増やすだけであろう。ポストは置き場所なだけで、交流の場にはなっていなかったのだ。この話も没になった。

農園の自宅直売

パニエをポストに配達するのではなく、農園に取りに来てもらうケースもある。六ヘクタールの農地と二〇アールの温室で、人参、じゃがいも、キャベツ、トマト、なす、きゅうりなどの有機野菜を作っているシュミット夫妻だ。納屋の一角に自家製野菜を入れた木箱を並べ、その横にセット野菜も用意して、契約会員に取りに来てもらう。会員がやって来るのは、毎週木曜日の夕方である。

シュミット農園は、野菜だけでなく、りんごなどの果実も作っている。契約会員は近隣の住人が主で、学校へ子どもを迎えに行った帰りに子ども連れで取りに来る。農園にはパンを焼く石窯があり、広い野原には山羊もいる。子どもたちはすぐに野原へ向かって駆けて行く。会員はセット野菜を受け取って帰るだけでなく、納屋に並べられている野菜の量り売りも利用する。

シュミット夫妻はこの契約会員を「おなじみさん」と呼ぶ。消費者でもなく、お客さんでもなく、よく知った「おなじみさん」である。「おなじみさん」は、それぞれ自分のパン型を持っていて、石窯で自分のパンが焼き上がるのを待ちながら、夫妻と教育談義に花を咲かせたり、直売コーナーで野菜の買い足しをしたりして、くつろいでいく。

直売コーナーでは、買い手がちょっと緊張する。量って、計算して、台帳につけて、お金をきっちり払うまで、すべて買い手任せだからである。シュミット夫妻が直売コーナーにいるわけではなく、料金箱と台帳が置かれているだけ。

日本でも、無人の野菜売り場を見かける。木箱に料金を落とすか、小銭を手前のざるに入れるようになっていて、それが盗られないのは素晴らしい。だが、シュミット農園の料金箱はその上をいっている。ふたを開けると、おつり用の小銭だけでなく、紙幣も入っていた。そこに買った人の代金が追加されていくから、料金箱の中には結構な金額が貯まることになる。「おなじみさん」にしてみれば、この信頼がうれしい。「顔の見える信頼関係」が培われてきたからこそできることだ。

焼きたてのパンと有機野菜のセットを毎週農園へ取りに行くこのシステムは、小さい子どものいる消費者に何より喜ばれている。農園は子どもたちが安心して遊べる自然の空間で、石窯で焼いた自家用の熱々のパンが農の魅力を伝えてくれるからである。しかし、レンヌ市からシュミット農園まで、車で往復一時間。それ以外に、農園へ行く方法がない。安全な農産物を手に入れるために、それぞれの家族が車で排気ガスを撒き散らしながら農園へ通う。これでいいはずはない。やはり、都市と農村を結ぶ他の方法を考えなければならない。

3　孤立から連帯へ

新鮮な地元の有機野菜が欲しい消費者は、私のまわりに何人もいた。それなのに、レンヌ市の近郊に有機野菜の生産者はほとんどいなかった。ガビヤール夫妻は例外なのだ。農産物の需要と供給の間に、ローカルな連環がない。産(生産)と消(消費)を結びつける方法を考えながら、地元の農家の暮らしに目を向けてみた。

自立した有機農民

日本では農業が盛んだと思われているフランスだが、農家数は減少の一途である。一九五五年には二三〇万戸を数えたが、二〇一三年の統計を見ると五分の一以下に減っている。(7) 新規就農する場合、バカロレア（大学入学資格）を持っていて、四〇歳未満であれば、国からの新規就農者補助金があり、五年間は税金も半額免除される。[8] ちなみに、電信機器雑誌の編集者から有機野菜の生産者に転身した私の長男エルワンも、この補助金を年齢制限ぎりぎりで得て、何とか就農できた。

有機農業は現在でこそ注目され、生産が伸びている。だが、二〇〇〇年代初めはまだ特別視され、販路が開けているわけでもなかった。有機農業を始めるのは、代々の農家ではなく、エコロジーに関心があったり、農ある暮らしに魅かれたりした若者であることが多かった。彼らは自ら選び取った人生に価値を見出し、有機農業が物質的豊かさとは縁のないことをよく承知している。同じ志を持つ仲間同士で、情報や知恵を分かち合い、助け合って暮らす。環境問題や南北の格差、経済のグローバル化などに対する関心も強く、レンヌ市で開催される市民集会には、同じような顔ぶれがよくそろう。

「Culture Bio（有機文化）」の会のメンバーと知り合ったのもこうした市民集会で、「福岡正信の『わら一本の革命』を知っているか」と聞かれたのがきっかけである。「Culture Bio」は、エコロジカルで人間的な分かち合い広場をギッシャン村に創るのを目的に、[9] 有機農家と安全な食に関心を持つ有志が一九九九年に結成した。現在では年に一度、有機農業見本市を開催し、ギッシャン村をフランス全土に知らしめるまでになっている。

孤立した農民の苦悩

しかし、就農者は小規模な有機農家ばかりではない。政府が推奨してきた大規模畜産の後継者は苦労が多い。ブルターニュ地方では、近代化の模範だった大規模畜産の経営者が機械化のために負債が嵩み、生産過剰による値崩れや、家畜のし尿が引き起こした深刻な水質汚染で、経営の見直しを迫られている。

ときには多額の借金をかかえて、死の瀬戸際まで追い詰められることさえある。フィニステール県で四二歳の独身の農民が家に火を放ち、猟銃自殺をしたのは、二〇〇七年の春のことである(10)。彼は親から継いだ三〇ヘクタールの農地を借金の抵当にとられ、家を明け渡す前日に死を選んでしまった。

農業人口が大幅に減少し、後継者が困窮していても、それが周囲に見えてこない。この農民の場合も、苦悩を一人でかかえこみ、近隣農家に打ち明けることはなかったという。農民の自殺が他の業種より多いことは、かねてから指摘されている。だが、その苦境はタブーの闇に葬られて、消費者に伝わることはまずない。

それは、近代化が生産の場と消費の場を分断し、農産物を市場経済に委ねたからではないか。消費者は食卓に載る農産物には関心があっても、それを生産する農民には思いが及ばない。農民の置かれた状況が、見えにくくなってしまったのである。

消費者との連帯を呼びかけた農民

消費者と分断された状況で都市化の波が押し寄せれば、農村の景観は一変する。後に、「アマップ（ＡＭＡＰ：Association pour le Maintien d'une Agriculture Paysanne 農民農業を守る会）[11]」を立ち上げることになるヴュィヨン夫妻の農園[12]も、都市化のあおりを受けて、高速道路に分断され、生活環境を破壊された。しかも、大型スーパーが夫妻の露地野菜の納入を断って、統一規格の工業生産野菜に切り替えてからは、経営を脅かされていた。その苦境を抜け出す方法として考え出したのが、アマップ方式の産消契約販売である。

きっかけとなったのは、娘が暮らすニューヨークでヴュィヨン夫妻が目にしたＣＳＡ（Community Supported Agriculture 地域で支え合う農業）であった。ＣＳＡは契約による安全な農産物の分配方式で、アメリカやカナダで広く取り組まれている。この方式に学び、さらに日本の提携の生産者と消費者の協力関係に学んで、夫妻は自分たちの目指すシステムの下書きを完成させる。その構想を消費者との出会いの場へ持ち込み、支援を呼びかけたのである。

食の安全に関心を持つ消費者や、グローバルな市場経済に反対する消費者たちが、夫妻の提案に賛同し、契約による産消提携の組織化が実現した。それが、農民の小規模な家族農業を消費者たちが支えようと集まるアマップの産直である。二〇〇一年四月に、夫妻は四〇軒に第一回のパニエを配布した。以来一六年、アマップは農産物の契約産直の代名詞としてフランス全土に普及し、その数は一六〇〇をゆうに超えると推測されている[13]。

4 「ひろこのパニエ」の発足と広がり

アマップが産直の代名詞になっていくなかで、私は日本の提携産直を受け継ぐグループの発足にこだわった。日本有機農業研究会の創始者である一楽照雄の「提携一〇か条」[14]（一九七八年）にこめられた共生思想が、文化や社会環境の違いを乗り越えられるか、実践のなかで確認したかったからである。一楽思想の根幹は「自立と互助」である。自らの意思で手を取り合い、相手を尊重しつつ助け合う協同の精神は、イギリスのロッチデールの協同組合運動に由来する。ならば、連帯経済やフェアトレードへの関心が高いフランスで、生産者と消費者を等しく結ぶ一楽思想への理解が得られないはずはないと考えた。

提携のパニエへ

提携の仲間をどう見つけるか。宣伝の方法を考えて、「都市と農村を結ぶ」というニュースレターをつくってみた。それを市民運動の集会やフェアトレードの店に置いてもらい、提携のパニエを宣伝するのだ。

私が考えたパニエは、都市に住む一人暮らしの高齢者向けである。フランスでは歳をとっても、おしゃれ心を忘れず、一人で凛と暮らす高齢者をよく見かける。そんな暮らしを支える、小ぶりのパニエがあればいいと思った。中身は、旬の野菜が四～五種類、石窯で焼いたパン、チーズ、卵、そしてときどき果物。自転車や徒歩での持ち運びを考慮して、重さは四キロ以内になるよう生産者に配慮してもらう。値段は一二ユーロ（約一五〇〇円）で、消費者は年間四〇回の購買契約を結ぶ。精算は三回に分けた小切手の前払いで、各人の口座から毎月引き落とされる。

このパニエのどこが日本の提携なのか。それは、生産者一人に複数の消費者というアマップの合理的不均衡を受け入れなかったことである。生産者も消費者もそれぞれ複数の構成で、運営にはグループ内の調整を必要とする。そのうえで、全員が平等に参加する、対話を基盤にした組織である。生産者グループは、パニエに誰が何をどれだけ入れるか、誰が配送するかを決める。消費者グループは、受け取り、分配、連絡、会計などの役割分担を決める。その調整を総会で行う。

チラシを配ったり市民集会の場で話したり、説明を繰り返したのだが、仲間が集まらない。有機野菜の生産者にとっても消費者にとっても利点があるはずなのに、なぜ希望者が集まらないのか。いっこうに形が定まらないのに苛立って、私は根回し集会を提案した。ないものの説明に時間をかけるより、パニエを体験してもらったほうが早いと思ったからである。ところが、この案は研究プログラムに参加している有機野菜生産者に一蹴された。

「できるときは、自然に機運が盛り上がる。根回しなんてする意味がない」

たしかに、生産者にも消費者にも利点があるというのは私の判断にすぎない。朝市で好きなものを好きなだけ選んで買える消費者にとって、週一回、何が入っているのかわからないパニエは面倒な拘束である。消費者の参加を募るには、地域の農業を支える意識を持ってもらうことが大切だと、ようやく気がついた。

そこでまず、ギッシャン村で開かれる有機農業見本市を活用することにした。見本市にスタンドを出し、訪れる人たちにアンケートをとったのである。すると、「地域の安全な農業を支援するパニエに興味がある」と答えて、連絡先を書いた人たちが二〇〇人以上いた。その人たちに連絡し、友人でりんご農家のヒニエ夫妻の有機農園を会場にして説明会を開いたのは、二〇〇五年六月である。いったいどんな人たちが来てくれるのか、やみくもな集まりだったが、七〇人近くが参加し、居住地域ごとに輪をつくって話し合いが始まった。

新規就農者の支援を兼ねて野菜生産者を確保

ただし、この説明会後すぐに、パニエを発足できたわけではない。ギッシャン村の有機農家たちが興味を示していたので、チーズ、パン、卵、りんごについては、あてがあった。ところが、肝心の野菜の生産者が見つからないのだ。レンヌという一大消費都市を控えていながら、近郊に野菜農家が存在しない。

それは、ブルターニュ地方の農業モデルに地産地消という発想がなかったからである。ここでは畜産が盛んで、牧草を確保するために、一八ヘクタールの農地確保が新規就農の条件になっていた。有機野菜の生産で新規就農を目指す若者が出てくると、新規就農条件の見直しが必要になる。だが、行政の対応に時間がかかるのはどこも同じである。有機野菜作りで就農するなら、広い農地は必要ない。新たな就農条件の最小三ヘクタールでも広すぎるぐらいである[15]。

広い農地の所有者にとって、土地を小分けにするのは厄介な話である。譲渡するなら、一度ですむほうがいい。だから、レンヌ市近郊に野菜用の農地を探すのは、いまでも至難の業である。頼りになるのは、有機農業を志す仲間の農家の連帯意識である。お金も農地もない新規就農者は、有機農家の畑の一部を借りたり、アマップの消費者メンバーから広い農地を譲り受けるための資金を借りたりして、有機農業に参入している。

「ひろこのパニエ」にも、土地も資金もないけれど、有機農業で就農したいという若者がやって来た。名前はセバスティアン。農地を借りられる目途が立って、野菜の作付けを始めたいが、初めての農地でどれだけ収穫をあげられるか不安だという。そこで、彼をパニエに参加する生産者たちが支える約束で話がまとまった[16]。セバスティアンに生産者間の連絡とパニエ用農産物の集荷を託し、多少の収入が得られるように、生産者グループの取り決めができたのだ。

そうなると、消費者のメンバー集めにも拍車がかかる。新規就農者を支えようという有志が現れ、賛同者が少し増えたところで、研究プログラムのメンバーたちをなかば強引に口説き落とし、二〇人の消費者会員を確保した。都心の一人暮らしの高齢者でも安全な食を確保できる

最初の日は路上で配布した

ように考えたパニエだが、実際には二〇代から六〇代まで、さまざまなメンバーが顔をそろえた。

二〇人という人数は、軽トラックの荷台に積める量と、新規就農者が生産を確保できそうな量を考えて概算した。二〇人分の購買契約は、セバスティアンが信用金庫から営農資金を借りるための保証書になり、彼は大いに喜んだ。

消費者グループは五人ずつの四班に分け、三カ月交代で全員が作業を分担する方式とし、私は当初の作業メンバーの一人となった。

初めてのパニエ

こうして、二〇〇六年一〇月に「ひろこのパニエ」が発足した。毎週木曜日の夕方、レンヌ市の広場の一角に、パニエ用の農産物二〇人分が届く。軽トラを運転するのはセバスティアン。野菜ケースを二人の消費者が受け取って、彼と一緒に仕分けし、そこへ順に消費者メンバーがエコバックを携えて来るはずだった。

ところが、軽トラを停められる場所が見当たらない。有料駐車場に停めたのでは、最初から赤字である。セバスティアンは、車を歩道に寄せて野菜ケースを全部おろしてから、無料で停められる場所を探しに行った。二〇人分というのは意外に量があり、歩道の隅に積んでも目立つ。通行人の目を気にしながら、彼が戻って来るのをいまかいまかと待っていたが、どこで迷ったのかいっこうに姿が見えない。

仕方なく、一人は野菜ケースのそばに残り、もう一人は広場に立って、消費者メンバーを誘導する。最初にやって来たレンヌ第一大学経済学部の先生は通りに積まれた野菜ケースに呆れて、「ここでお金のやり取りをしたら、路上の物売りと一緒の違法行為です」と、釘をさした。初日から警察沙汰はごめんである。はらはらしながら、セットを組んで渡すだけに徹した。私たちが大変な思いをしているというのに、仲間はみんな呑気で、時間は守らないし、忘れて取りに来ない人もいる始末だ。

すっかり日が暮れた広場で、セバスティアンの車に空のケースを積み込んで、ようやく初日が終わった。

私たちは、軽トラの駐車場のことを頭に入れていなかった。配る野菜の数を確認する余裕もなかった。同じ野菜が二包みあるのは、誰かに同じ包みを二つ渡してしまったということだ。失敗だらけの帰り道、翌週のことで頭はいっぱいだったが、カートにあふれる新鮮な野菜に、じわっとうれしさがこみあげた。

さまようパニエ

歩道の片隅で、夕闇にまぎれて始めたパニエの配布は、しばらくいろいろな場所をさまようことになった。路上でパニエのやり取りをしてはダメ。朝市のスペースは、その売り手でなければ使えない。大学のパーキングに軽トラを駐車させるのは無理……。

策に窮して、レンヌ市の地区担当の市会議員に面談を申し込んだ。レンヌ市には地区ごとに公民館があるが、中心部には市民活動の場がない。市庁舎前の広場を使わせてほしいと頼んでみたが、許可は下りなかった。しばらくは別のNGOが借りているレンヌ市所有の建物に同居させてもらい、なんとか続けられたものの、広場にメトロの線路が敷かれることになって、じきに建物が解体されてしまった。

こうした紆余曲折を経て、いまはあるカフェの入り口でパニエを配布している。市民運動家が経営し、若者のたまり場になっているカフェだ。消費者メンバーに入れ替わりはあるけれど、常に二〇～三〇人は確保している。

生産者にも入れ替わりがあった。セバスティアンは一年で自立して辞めた。地元の有機朝市で、すべて売りつくしているという。困った私たちを、ガビヤール夫妻（一七三ページ参照）の野菜がしばらく助けてくれた。そのあと応援をかって出たのは、最初の説明会を開かせてくれたヒニエ夫妻だ。夫妻とは、以前から世直し運動の場で、よく肩を並べてきた。窮状に手を貸そうと夫婦で対応策を考え、パンと野菜作りの実習生にセバスティアンの後を継がせ、自分たち

ヒニエ夫妻とパニエ仲間を集めて、我が家で和食のレッスン

も自家用の露地野菜を少し増やしてみると言う。この申し出がなかったら、「ひろこのパニエ」は続かなかったかもしれない。

私は設立時に会長を引き受け、二年で降りた。もちろん、メンバーであることに変わりはない。設立当時のメンバーは数人しかいないが、当初「連帯経済の支援はするけど、食い物なんてどうだっていい」と、パニエの中身に無関心だった長期失業者のモーリスが、会計係を引き受けて、会の重鎮になっている。こうした会は、ボランティアなしには成立しない。モーリスには時間があった。仕事帰りにあわててやって来るメンバーにとって、会計ほど面倒な仕事はない。総会の席でモーリスが会計を担当すると申し出てくれたときは、メンバー全員がほっと胸をなでおろした。

現在は、私が会長だったころのような、全

員が役割を分担する方式ではない。やれる人が役割を自主的に引き受けている。モーリスはパニエに自分の場ができて、安全な食の推進に積極的になった。いままでは、パニエのよさを若者に説くのも彼の役目である。カフェを訪れる若者の大半は、パニエの配布を見て、「何となく面白そうだ、あのパンは美味しそうだ」と寄って来る。すると、モーリスはすかさず味見をさせて、彼らを仲間に引き入れる。

実際、このパンは絶品で、私がこれまで味わったどのパンよりも美味しい。中は絶妙な酸味があって、しっとりし、外は香ばしく石窯の風味を活かした焼き上がり。腕にひとかかえはある、ずっしりしたパンだ。ヒニエ夫妻のイチゴの甘やかな香りと、葉先が三〇センチもあるホースラディッシュも、素晴らしい。葉先まで丸かじりできるホースラディッシュは、旬の、からみとまろみに満ちている。これほど見事な農産物を提供してくれる生産者たちと、パニエでつながれたことを、つくづく幸せだと思う。

5　「ひろこのパニエ」から共生社会へ

「ひろこのパニエ」が何よりも大切にしているのは、生産者と消費者の協同の精神である。相手の立場を思いやること、相手の立場に立ってものを考えること。「私」を先行させるフランスでは、それがことのほか難しい。

それゆえ、アマップでは契約がものをいう。消費者メンバーは、「アマップ憲章」[17]を指針に、生産者と期間限定の契約を文書で交わすのだ。約束の重みはサインの重みで、破ればペナルティーが科せられる。黙契で結ばれる提携の世界とは、拠って立つところが違う。日本では、信頼関係を文書で確認するというのはむしろタブーで、両者の関係に溝をつくることになりかねない。共生主義が文化の違いを乗り越えて、普遍性を獲得するには、どうすればいいのか。アマップの取り組みと「ひろこのパニエ」の提携を比較しながら考えてみよう。

アマップの契約産直

アマップは、一人の生産者と消費者たちのグループという形で成り立つ。パニエに入る農産物がさまざまであれば、生産者も複数になる。その場合は、生産者ごとに、一枚ずつアマップ契約を交わす。通年ではなく、季節販売契約もできる。農家が守る原則は、生産履歴を公開し、無農薬・無化学肥料で、自然環境と生き物に配慮のある生産を心がけること。消費者は、安全で新鮮な農産物を生産者から直接手に入れられる。

アマップの合理性は、契約でつながれた相手との関係である。会員になって、パニエの中身が気に入らなければ、継続しないという選択ができる。生産者は、消費者とのもめごとをモノや金銭で経済的に解決できる。たとえば、納入野菜が腐っていて消費者からクレームがきたとしよう。対処の方法は面倒な話し合いを経ずに、生産者一人で判断すればいい。次のパニエに代わりを入れるなり、野菜を増やすなり、単独で速やかな経済的対応を行う。

しかし、前述したように一人の生産者と消費者のグループという関係は不均衡であり、協同の関係に影を落とす。消費者グループの重圧を生産者が一人で受けるからだ。一人の会員にとってはささやかな指摘でも、それがたとえば八〇人の大合唱になれば、生産者はまいってしまう。頑強な私の長男エルワンでさえ、自分のアマップ会員のわがままには愚痴が出る。せっせと育てた野菜を食べきれずに捨てているメンバーがいることに、彼の怒りは収まらない。

協同と連帯

アマップの産消の結びつきを双方の利のためとしてのみ見ると、契約システムの合理性ばかりが目につく。だが、アマップに参加するのは、安全な農産物が欲しいだけの消費者たちではない。現在のフランスでは、有機農産物が欲しいなら、スーパーであれ、朝市であれ、ネットであれ、自分で選んで好きなだけ買える方法がいくらでもある。

アマップに参加するのは、安全な農業を支えたい、自分たちの手で食と農を守りたいという志の表明であり、自らの意思で加わる世直しの実践である。アマップを編み出したヴュィヨン夫妻の場合も、理解ある消費者に訴えて、代々の家族経営農業を守ろうというのが発端だった。

そして、アマップの生産者は、農民として自立している。経営を維持するために、消費者によりかかるのではない。産と消の結びつきは、よりよい暮らしを拓く共闘の連帯である。共闘が目指すのは、市場経済に支配されない、もうひとつの世界だ。自らの意思で自らの食を確立し、地球を守ろうとする責任の自覚がそこにある。

協同と連帯のあり方を、文化的背景と切り離して考えることは難しい。不和や争いを避けるために、日本では根回しがよく行われ、事前の合意形成にエネルギーが注がれる。それは、「日本では個人は原則として集団に守られて存在する(18)」からではないだろうか。だから、集団はすぐ形成される。しかし、集団が力となるには、集団を動かすリーダーが必要だ。共通の目的や作業が牽引力を持っている間はまだしも、年を経て同じことを繰り返しているだけでは、運動は活力を失っていく。人の輪はしがらみに変わり、集う楽しさも協同の精神も失われる。

「ひろこのパニエ」の場合、何度も危機に瀕してきた。何の足かせもない会なのだから、辞めるのは簡単である。アマップと違うのは、問題を人の輪の中で解決するという原則だ。モノやお金で解決はしない。野菜の数が合わなかったり、取りに来るのを忘れる人があったり、計算が合わなかったり、問題は毎週の恒例行事と言ってもよいだろう。

ところが、かえって、この問題が人の輪を回すエネルギーになっている。間違いは誰にもあることで、「ごめんね。今度から気をつけるから」と謝れば、相手も笑って怒りを収めてくれるものである。この直接の対話に、何度助けられただろうか。話し合えば、どんなトラブルにも解決の糸口が見えてくる。それを学んだのはパニエをとおしてである。人の輪の調和を保つのは、相手の立場を気遣った対話であり、公正な倫理感である。対話の積み重ねは、時間のかかる実践だ。それを繰り返して運動を発展させるのは、ねばりと根気が必要である。

共生社会への道

そんなとき、一楽の言葉ほど励みになるものはない。

「生産者と消費者の提携の問題なども面倒くさいし、グループ内のメンバーの間にも面倒なことが多い。でも私は、そういうトラブルを処理していくことこそが尊いことだと言いたい[19]」

まったくそのとおりである。そして、彼はこう言う。

「人間は自然であり、都合のよいものも悪いものも、闘いつつ助け合い、助け合いつつ闘い、共に存在しているのが生物としての人間の姿だ[20]」

公正な社会は、公正を求める人びとがいなければ実現しない。互助は自立した個の支え合いである。苦悩をかかえて一人で耐えて暮らしていても、共生社会への道は拓けない。生産者と消費者はお互いの顔を見ながら対話を重ね、その積み重ねのうえに、有機的な人間関係を発展させていくのである。次から次へ沸き上がる問題があるから、それを克服する努力が必要になる。問題を乗り越えることができれば、そこに喜びが生まれ、さらに歩みが進む。

共生主義の原点は、一人ひとりが自分の生命と自分が生きている社会に責任を持つことである。人類の一員として、自然のひとかけらとして、いかに人生を全うするかが問われている。生かされているときを、人間の尊厳にかけて、よりよく生き抜くことだ。

「分かち合い」という心地よい言葉に、酔ってしまってはいけない。共生主義が求めるのは、心地よさを支える個の自覚と、日常の努力への覚悟である。自分の内なる悪を許さず、外に広がる不正を拒む勇気である。自分の生命と、自分の生命を支える地球や宇宙に責任をもって、一人の人類として生き抜く意思がなければ、「共生主義」の社会は、いつになっても見えてこないだろう。

6　対話から変革へ

フランスでは二〇一六年の三月末から、自発的な夜なべの市民集会「Nuit debout（寝ずの夜）」が、各地で断続的に開かれている。組織化されていない集会で、まだ先の見えない動きではあるが、対話と論議の積み重ねは、明日を拓く可能性を秘めている。

満たされない思いをかかえて内に引きこもるのではなく、満たされない自分の問題を外在化させて、他者と共に考えてみる。それは、人が一人で生きているのではないことを自覚する作業ではないか。対話の渦が生まれては消え、波紋が生じていく。それは、始源の海の混沌を見るようだ。すべての生命は、始源の海から誕生してきた。ならば、対話の海から、世界を変える変革のエネルギーが湧き起こるかもしれない。

自分がカオスの一滴であることを忘れず、他者に育てられ、他者を育てて生きていることを忘れずに、共生の道を目指そうではないか。対話の渦から「ひろこのパニエ」のような共生実験が次々と誕生し、渦をうねりに変えていく力となるだろう。一楽が奇しくも言ったように、「闘いつつ助け合い、助け合いつつ闘って[21]」、一人ひとりの生命が輝く世界を共に構築していくのだ。

（1）二〇一二年にブルターニュ地方で記録されている農民の自殺者数は八二二人（男六二三人、女一九九人）で、フランスの一〇万人あたり自殺率を六五％も上回っている。原因の一つに挙げられるのは農業所得の低下である。二〇一五年の調査によれば、フランスの農民の三人に一人は月収が三五〇ユーロ（約四万三〇〇〇円）未満で、一八歳以上の手取り最低月給一一四九ユーロ（約一四万一三〇〇円）、最低時給七・五八ユーロ（約九三二円）より大幅に低い。農業省では二〇一四年に「農業ホットライン」を設け、困窮農民の相談を二四時間体制で受け付けている。

（2）農家の一割が何らかの産直に取り組んでいる。その数は二〇〇五年から一三年にかけて八七三％も増えた。産直の形式は、「ひろこのパニエ」やアマップのような提携産直、農家の直売所、給食施設への共同搬入などである（フランス農村ネットワーク（Réseau Rural Français）の二〇一三年の資料参照）。レンヌ市のアマップ連合では、消費者メンバーがリストに名前を連ねて、有機野菜の生産者が近郊に新規就農するのを待っている状態である。

（3）これは二〇〇〇年前後のレンヌ市のスーパーの話で、現在は野菜も果物も品数が増え、鮮度もよくなっている。当時レジの女性は野菜の名前を知らないことが多く、値段を打ち込むのに、客に名前を尋ねている光景をよく見かけた。

（４）Agence BIO（有機農業の発展を推進するための公的機関）の調査によると、二〇一六年六月末現在、有機農業従事者は三万一八八〇人で、前年末より一〇％増。有機圃場面積は二〇一六年一二月末に一五〇万ヘクタールに達する見込みで、前年末より二〇％増である。

（５）長期失業者に対する社会復帰支援事業として、国は農園の臨時就農者（一年契約）一人あたり、最低賃金相当の額を助成。

（６）有機農業を推進するための助成は、現在もＥＵの共通農業政策（ＣＡＰ）として行われている。二〇一五年から二〇年にかけて、慣行農業から有機農業に転換する露地野菜と果実の圃場に一ヘクタールあたり九〇〇ユーロ（約一一万円）の補助金を五年間保証し、有機圃場についても維持のための補助金を五年間にわたって同額支給する。

（７）二〇一三年の農家戸数は、個人と農事組合法人を合わせて約四五万二〇〇〇戸である（フランス農林省のＡＧＲＥＳＴＥ参照）。

（８）就農地の状況に応じて額が異なるが、平均助成額は一万五〇〇〇ユーロ（二〇〇万円弱）である。ちなみに、パリ近郊で新規就農した長男の場合、一万六三二五ユーロの助成金のほか、機材購入費の四〇％の助成も受けた。また税金は、就農一年目は全額免除、二～五年目は半額免除である。それでも、月収は最低賃金すれすれだ。

（９）ギッシャンはレンヌ市の南二〇キロに位置する、人口約八〇〇〇人の村。

（10）『ウエストフランス（Ouest-France）』二〇〇七年三月一五日。

（11）「農民農業」とは、大規模な機械・工業農業ではなく、家族経営の小規模な農業を意味する。アマップは、小規模な家族農業の消滅を食い止めるために、生産者と消費者が手をつないで取り組む産直の仕組みである。アマップという呼称は、産消提携の取り組みの総称としても使われている。アマップ連合に加盟していなくても、産消提携に取り組んでいれば、アマップと見なされる場合が多い。「ひろこのパニエ」もアマップのような契約方式ではないが、アマップの一環に数えられている。それぞれの産直グループは県庁の認可を得た組織で、商業行為ではない農産物の流通を行っている。

(12) ヴュィヨン夫妻のレオリバッド農園は南フランスのオリウル村にあり、果樹、野菜、園芸用地の面積は一〇ヘクタール弱である。フランスの農家の平均所有農地は五一ヘクタールなので、小規模経営と言える。

(13) アマップの連合組織であるMIRAMAPの調査による。実数の把握が難しいのは、産直グループが必ずしもアマップ連合に加盟しないことや、地域で営まれているささやかな取り組みを網羅する術がないためである。また、アマップ以外に、農家の直売所や、給食施設への共同搬入、ネット産直、パニエ方式など多種多様な産直が生まれていて、その発展も有機農産物の流通に一役買っていることを記しておこう。

(14) 相互扶助の精神、計画的な生産、全量引き取り、互恵に基づく価格の取決め、相互理解の努力、自主的な配送、会の民主的な運営、学習活動の重視、適正規模の保持、理想に向かって漸進。http://www.joaa.net/mokuhyou/teikei.html

(15) ブルターニュ地方のイル＝エ＝ヴィレーヌ県の新規就農条件。二〇〇四年以降、野菜や花の生産を考慮して最小農地の規定が三ヘクタールとなったが、以前は畜産を基本としていたので一八ヘクタールが条件であった。

(16) セバスティアンが作る野菜の量が足りなかったり、不作だったりした場合、まわりの熟練有機農家が不足分を補ってパニエに穴があかないよう援助するという約束。

(17) 二〇〇三年五月に、ヴュィヨン夫妻の主導で制定された。目的はアマップを名乗るグループの正当性の保証であり、「アマップ創設者一八カ条」と「百姓農業一〇カ条」からなっていた。二〇一四年三月に改訂された新しい「アマップ憲章」は、公正で環境に配慮のある地域の農業の維持を目的とする会であることを前面に出している。「百姓農業一〇カ条」は当初と変わりなく、生産者の自立と公正な生産の姿勢を明示している。

(18) 土居健郎『表と裏』弘文堂、一九八五年。
(19) 農山漁村文化協会編『暗夜に種を播く如く——一楽照雄　協同組合・有機農業運動の思想と実践』協同組合経営研究所発行、農山漁村文化協会発売、二〇〇九年、三九四ページ。
(20) 前掲(19)、三三ページ。
(21) 前掲(20)。

〈コラム〉 世界に広がる生産者と消費者の地産地消

アンベール-雨宮裕子

食と農の安全は、生命に関わる身近な問題である。安全な農産物を信頼できる生産者から手に入れたい消費者がいる。その一方で、安全な農産物を市場を介さずに消費者に届けたい生産者がいる。両者が結びついて、長期的な計画のもとに、地域の食と農を守ろうという取り組みが地産地消の産直である。

二〇世紀後半から世界各地で始まったこの取り組みは、日本では「提携」と呼ばれ、北米やカナダ、イギリスではCSA(Community Supported Agriculture 地域で支え合う農業)、フランスではAMAP(Association pour le Maintien d'une Agriculture Paysanne 農民農業を支える会)という名で親しまれている。

日本の「提携」は一九七〇年代に生まれた。食品公害に怯えた都市の若い母たちが、子どもの安全な食を求めて奔走し、農民の合意を得て始めた農産物の共同購入が発端だ。リーダーが周囲の消費者を組織し、安全な農産物を供給できる生産者を探して、手づくりで始める定期的な共同購入である。

各地で次々に生まれた「提携」グループは、一九七一年に創設された日本有機農業研究会と歩みを共にしている。その創設者・一楽照雄は、「提携」を運動として発展させるために、理念を「提携一〇か条」にまとめた。ただし、個々のグループは地域性が強く、独立独歩の発展で、横のつながりは薄い。

ＣＳＡは一九八〇年代に北米で創始されたとされる。ＣＳＡと「提携」の関連は定かではないが、南フランスで二〇〇一年に誕生したアマップの場合、創設した有機農家のヴュィヨン夫妻は、「提携一〇か条」を貫く生産者と消費者の互助の精神をとりわけ評価している。というのも、ヴュィヨン夫妻のような家族経営の小農家にとって、消費者の支えは死活問題だったからである。

農業経営の大型機械化が推進される二〇世紀の後半、生き残るには、資本を投資して大規模経営に切り替えるか、小規模でも安全な農業を心掛けて販路を自分で開拓するか、どちらかを選ばざるを得なかった。ヴュィヨン夫妻は消費者に支援を訴えて、農産物の定期購買契約システムを編み出していく。

「提携」、ＣＳＡ、アマップに共通するのは、市場経済を介さずに、生産者と消費者が協力して取り組む連帯経済活動であり、地域の安全な農業の推進に貢献していることだ。毎週一回、農家が農産物のセットを用意して、会員消費者に指定の場所で配る。その代金は農家の生活が成り立つことを前提に算出され、市場の小売価格とは連動しない。生産者と消費者は配布の日に、直接顔を合わせて対話ができる。消費者はまた、援農に出かけたり、農産物の仕分けを手伝ったり、さまざまな形で生産者を支えるのが約束である。

農産物を介した生産者と消費者の結びつきは地域を元気にし、地元の農と環境を守る力となる。フランス独自の組織であるアマップの場合、生産者と消費者の結びつきは、食の安全を超えて、地域の政治や国の農政を見据えた地域おこしであると想定されている。

そのため、地方ごとにアマップ連合が組織され、フランス全土のグループがアマップ憲章のもとに統合されている。アマップは安全な農産物の産消提携をしているグループ全体の総称なのである。連合組織は、当初からの目的であった。なぜなら、安全な食も農も、そこだけ切り離しては対処できない問題だという共通認識が、生産者側にも消費者側にもあったからである。

食と農の問題をよりグローバルな観点から検討することは、URGENCI（Réseau Urbain-Rural: Générer des Engagements Nouveaux entre Citoyens 市民同士の新しい取り組みを生み出す都市と農村のネットワーク）[1]という、国際ネットワークの創設にも関わっている。「提携」運動のグループも、ＣＳＡもアマップも、URGENCI のメンバーである。その第一回大会は、南フランスのオーバーニュ市で二〇〇四年に開かれた。

URGENCI の目的は、地産地消の連帯経済を世界中に広め、市民の手で食と農の安全を守っていくことである。地域の食の確立は、平和への一歩だ。農産物をグローバルな経済戦争から守り、連帯経済の輪を広げていけば、共生主義の社会が見えてくるだろう。

（1）URGENCI はフランスで創設されたが、英語圏の参加者が増えたため、英語ではＣＳＡを前面に出して「国際ＣＳＡネットワーク」と称されている。

第7章

地域に息づく共生運動

1　菜の花プロジェクトが描き出す循環型社会

藤井　絢子

「全国菜の花サミットは、日本人が今まで育み守ってきた自然に対する考え方を取り戻し、現在の行き詰まった社会から脱却し、新しいライフスタイルへの転換や社会システムを再構築する『道』をともに考えるサミットでした」
二〇一六年四月「第一六回全国菜の花サミットinやまと宣言」

二〇〇一年に滋賀県で始まった菜の花プロジェクトの全国大会は「菜の花サミット」と呼ばれ、このプロジェクトを担う市民団体、協同組合、自治体などが集まって、毎年開かれている。地域レベルで、循環型社会、持続可能な社会づくりを目指す団体や人びとが知識と経験を交流する。二〇一六年に奈良県で開かれた第一六回大会には、全国二〇都府県、奈良県内一四市町村、プロジェクト・団体含め九〇〇余人が集まった。生活者の環境保全運動が、菜の花栽培、ナタネ油採取と景観創出、さらに廃食油を原料とする化石代替燃料ＢＤＦというように一石三鳥型の農業と結びついて、地域自立の資源循環運動へと発展している。

1　地域自立の資源循環サイクルの確立

日本最大の湖である琵琶湖を擁する滋賀県では、湖沼の恵みを利用した生業が古来より発達し、住民の環境への関心も高い。しかし、高度成長期には富栄養化によって琵琶湖の水質が顕著に悪化し、大規模な赤潮が発生した。この事態に直面して、家庭から出る生活雑排水問題を重視した消費者たちが中心になり、合成洗剤に代えて環境にやさしいせっけんを使おうという運動が始まる。この運動は、琵琶湖の富栄養化を防止する「滋賀県琵琶湖の富栄養化の防止に関する条例（通称びわ湖条例）」施行（一九八〇年）の原動力となった。

これと並行して一九七八年に、家庭から出る廃食油を回収してせっけんへリサイクルする運動が始まる。こうして、「Reduce（減らす）、Reuse（再利用）、Recycle（リサイクル）」という、循環型社会形成を目指す三Ｒ運動の原型が成立し、全県に広がった。ところが、洗剤メーカーが富栄養化の原因であるリン酸塩を含まない無リン洗剤を開発するに及んで、せっけんの利用が落ちていく。

この時期に消費者運動家たちがドイツを視察し、石油ショック以降に化石燃料の使用を抑え、CO_2の排出を減らすために進められていた菜の花栽培に注目した。小麦の過剰生産によって拡大した休閑地で菜の花を栽培し、自然エネルギーに結びつけていたのである。すでに日本でも耕作放棄地問題が起きていたが、農業が新たな資源作物を生み出すことで、その解決への展望が開ける。

まず、休耕田に菜の花を植え、ナタネを収穫して、食用と加工に利用する。そして、食用油の廃油を回収し、せっけんや、軽油に代わるバイオディーゼル燃料(BDF：Bio Diesel Fuel)に活用する。その工程で出た油かすは、家畜の飼料や堆肥の原料として使う。「地域自立の資源循環サイクル」の形が見えてきた。

この取り組みは、滋賀県の愛東町(現・東近江市)で一九九八年に始まった。「菜の花プロジェクト」の誕生である。菜の花プロジェクトはその後、養蜂、菜の花の観光利用、小・中学校での環境教育など、地域内のより広く深い資源循環サイクルの形成へと進んだ。菜の花栽培を柱に、地域資源循環の確立と地域自立を目指す「愛東モデル」は、全国的に注目された。こうして、二〇〇一年から全国レベルで、菜の花サミットが毎年開催されるようになったのである。

愛東モデルの全容を**図1**に示した。休耕田や転作田で栽培された菜の花は、葉とともに春を告げる格好の食材として、さまざまなレシピで供される。一面に黄色の花をつけた菜の花畑は人びとの眼を楽しませ、観光アトラクションとなる。養蜂業者も利用する。やがて実をつけ、

図１　愛東モデル

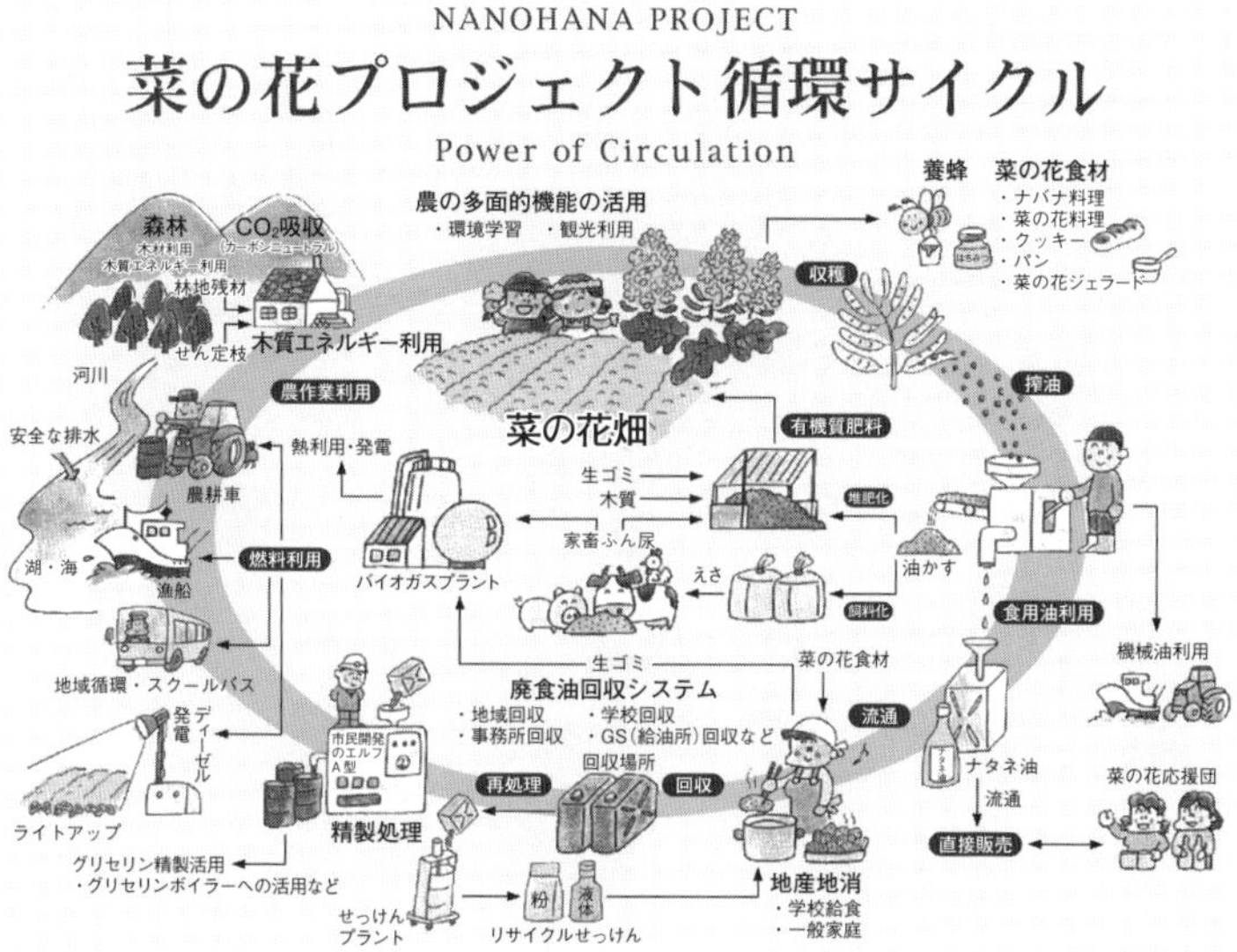

（出典）菜の花プロジェクトネットワーク。

刈り取られたナタネは搾油され、遺伝子組み換えされていない安全・安心なナタネ油として、家庭や学校給食に利用される。

　搾油時に出る油かすは飼料や肥料として、畜産業と農業に役立つ。家庭や学校からの廃食油は地域の協力により回収され、せっけんやＢＤＦにリサイクルされる。ＢＤＦは、家畜糞尿を利用したバイオガス・プラントで生産されるガスとともに、地域での自然エネルギー源となる。また、周辺農家から出るもみがらや雑木林の間伐材、剪定枝などを炭化し、ペレットや燻炭に加工する。これらはエネルギーを生産し、土質改善や消臭に用いられる。

　このように、無駄（ごみ）になるもの

をできるだけ少なくし、私たちの知恵と力によって、資源として地域で活かして使うことで、循環型社会が現実のものとなるだろう。それが、「地域自立の資源循環サイクル」である。

愛東モデルの主たる事業内容は、「あいとうエコプラザ菜の花館」に行くとよくわかる。BDFプラント、せっけんの製造工程、炭化プラントなどが見学できる。これらは、地域レベルの小さな設備だ。しかし、そこでは「資源循環型社会」「地域自立のエネルギー」モデルの生成が確実に見てとれる。このモデルに端を発して、全国に広がる休耕田を有効利用し、農地の保全と地域経済再生の方向が育っていることが理解できる。それは、一方通行の使い捨て型社会を脱して、資源循環型社会を創り出していくための創意と実践であり、さらに国や地方自治体を巻き込んだ取り組みの進展が期待される。

石油に大きく依存する日本は、いつまでも化石燃料に頼ってはいられない。かといって、事故や故障が相次ぎ、確実にたまる廃棄物の捨て場所も定かでない原子力がその解答であるとは思えない。二〇一五年末に開催された国連気候変動枠組条約第二一回締約国会議（COP21）では、今世紀後半にCO_2の排出をゼロにすることが決まった（パリ協定の成立、二〇一六年一一月に発効）。そのためには、再生エネルギーを地域レベルでさらに推進していかなければならない。

私たちは菜の花から生まれるバイオディーゼル燃料（BDF）に、化石燃料依存社会に代わる「脱化石燃料」社会、そして「脱原発」社会形成への可能性を感じとっている。

2　暮らしの見直し、地域自律と地域自立

愛東モデルでは、リサイクルに向けた住民の努力を行政が協働のもとで支えている。集落ごとに設けた廃食油の回収拠点に、住民たちが自分の家から出た廃食油を持ち寄り、その拠点に集まった廃食油を自分たちで資源回収センター（愛東町ではエコプラザ）まで運ぶ。運搬車両の燃料はＢＤＦを用いる。せっけんも積極的に利用する。地域住民の強い情熱と参加に支えられて、資源回収の仕組みが動いているのだ。資源循環型社会を構築する基本は、地域内で動く仕組みをつくりあげ、それを推進する人びとを育てることである。

こうした地域ごとの努力をつうじて、地域の条件に合ったイノベーションも起こる。集められた廃食油をせっけんやＢＤＦに加工するために、行政、協同組合、ＮＰＯの連携で、小規模プラントが開発されてきた。石けん製造ミニプラント「ザイフェ」や、ＢＤＦ精製ミニプラント「エルフ」などだ。このような地域の規模にあったミニプラントは、適正技術の見本である。改良を重ねてきたＢＤＦ精製プラント「エルフＡ３型」は、二〇〇五年に愛知県で開催された「愛・地球博」で、世界の一〇〇件の優れた環境技術を表彰する「愛・地球環境賞」を受賞した。これは、関係者一同の誇りである。つくりだされた石けんやＢＤＦが、環境に負荷が少ない品質であることも、重要なポイントだ。また、子どもたちは、学校で地元食材を用いた給

食に親しみ、リサイクルせっけんを使用し、ＢＤＦで走る学校バスで登下校する。これらは、環境学習の生きた教材である。

地域に資源循環サイクルをつくりだすためには、安定したリサイクル製品(ＢＤＦや石けんなど)の生産を確保し、それらを有効に活用していく積極的な取り組みが必要だ。品質の確保、低価格を実現するための免税や価格誘導(現在、家庭でナタネ油は広く用いられているが、キャノーラ油と呼ばれる製品のほとんどは遺伝子組み換えナタネを原料とする輸入品)、ディーゼルエンジンメーカーとの協力など、取り組むべき課題がまだ多い。

菜の花プロジェクトは、私たちの食とエネルギー、ごみ問題について、地域資源を見直し、地域資源の循環、最終的には地域自立を目指す運動でもある。単に、環境にやさしい暮らしをイメージするだけでなく、日々の暮らしを自然と共生するかたちに再生したい。そこから、地域自立の歩みが始まると私たちは考えている。

日本は「無資源国」と言われるが、リサイクルや再利用をきっかけに、私たちの周囲の山や田んぼに膨大なバイオマス資源が存在することがわかった。農地の一〇％を占める遊休地を活用し、弱体化した農業を再建することによって、私たちは食とエネルギー資源を生み出すことができる。それは、大量のごみを排出し、環境を汚染しがちな日常生活の見直しから始まり、大量生産・大量消費社会に振り回されがちな私たち自身の自律性を取り戻す運動にほかならない。菜の花プロジェクトをつうじて、日本再生の新しい展望が浮かび上がってきた。

3　チェルノブイリとフクシマへの広がり

菜の花は土壌中の放射能を吸収するという（詳しくは、河田昌東「ナタネ栽培による汚染土壌浄化の検証」河田昌東・藤井絢子編著『チェルノブイリの菜の花畑から』創森社、二〇一一年、参照）。一九八六年四月のチェルノブイリ原子力発電所の事故以降、ウクライナ支援に関わっているＮＰＯ「チェルノブイリ救援・中部」は、同原発があるキエフ州の西に隣接した、汚染度の高いジトーミル州のナロジチ地区（事故後の人口約一万人）で、復興再生プロジェクトを行ってきた。チェルノブイリ原発事故以降、ヨーロッパ諸国、とくにドイツで再生エネルギーとしてＢＤＦの需要が高まり、ウクライナでは菜の花栽培が盛んになった。ナタネを輸出し、外貨を稼ぐ目的である。二〇〇五年には二〇万ヘクタールで菜の花が栽培され、二八万トンのナタネが輸出されたという。だが、放射能汚染の除去と組み合わせた地域振興の発想はなかった。

菜の花は、土壌中のセシウム１３７やストロンチウム90の吸収率が比較的高く、搾油したナタネ油への放射能の残留率は低い。とはいえ、いくつもの問題があった。まず、ナロジチ地区では原発事故後二〇余年を経てもセシウムの土壌吸着度が高く、菜の花栽培による放射能の急速な減少は難しい（減少率は年間一～三％程度）。また、菜の花は連作障害があり、裏作を組み合わせて栽培する必要がある。個別農家にとっての栽培誘因は低い。さらに、汚染度の高い地域では作業者の放射能被曝に留意しなければならなし、ナタネの搾油効率も現地製の機械ではよくない。

一方、搾油後の油かすや茎、葉、根などのバイオマスには放射能が残るものの、メタン発酵させればバイオガス・エネルギーが得られる。排水やバイオマス中に残った放射能はゼオライトで吸着し、低レベル放射性廃棄物として政府指定の処分場に保存できる。放射能汚染地は人間の手を加えなければ荒れ放題となり、環境の悪化が懸念される。菜の花を栽培すれば、環境保全にも役立つ。しかも、放射能の除染と、収穫した菜の花から得られるＢＤＦ、バイオガス（ＢＦ）は、雇用喪失による貧困、放射能被曝による病気の連鎖に苦しむ地域に対して、経済振興と雇用創出の可能性を与える。

こうしてチェルノブイリ救援・中部は二〇〇七年から一一年までの五カ年計画を立て、地域振興とＢＤＦ、ＢＦを組み合わせた「ナロジチ再生・菜の花プロジェクト」をジトーミル州の国立農業生態学大学と発足。日本の技術を用いたＢＤＦとＢＦの発生装置が、苦労の末に稼働した。州政府もその成果を認め、「州内の放射能汚染地域を含む放棄地三〇万ヘクタールで、菜の花栽培とバイオエネルギーによる地域振興をはかる」と発表した。

そして二〇一一年三月、東日本大震災と東京電力福島第一原子力発電所の原発事故が起こった。菜の花プロジェクトでは一〇月に、被災地支援のナタネ播種ボランティアを須賀川市、いわき市に派遣。その後、南相馬市小高区も含めて毎年、ナタネをボランティアで播き、地元の人たちも参加して、活発な地域間交流が生まれた。二〇一七年の全国菜の花サミットは、南相馬市で開かれる。そこでは、ウクライナの経験を踏まえた福島県内被災地での菜の花プロジェクトの成果や見通しについて、報告されるだろう。

4　地域自立と共生社会の展望

日本は高度経済成長以降、地方が過疎化する一方で、農業は政府の統制下におかれ、活力を失っている。このままでは未来がないと思われる地域が、悲しいことに増えてしまった。高齢化、若年女性の減少による「地方消滅」さえ、ささやかれている。しかし、菜の花プロジェクトの経験からすれば、食とエネルギーに始まる地域住民の自律性の回復が、環境を保全し、地域を魅力ある場として雇用や産業を創り出す。スローライフを人びとが楽しみつつ、地域自立を実現していく展望も十分にあると私たちは考えている。

「愛東モデル」に触発されて、全国で菜の花プロジェクトへの取り組みが広がった。菜の花サミットでの交流が進むなかで、新しい「地域モデル」が次から次へと生まれている。その出発点は、自分の頭で考える「自律」と、まず自らが始める「自立」の実践にほかならない。

こうした地域モデルが相互交流することで、資源循環型社会と持続可能な社会づくりに向けて、欧米の持続可能な都市に引けを取らない、日本の現実に即した有効なモデルが創り上げられていくだろう。その場が「菜の花サミット」であり、「菜の花プロジェクトネットワーク」である。国会でも、超党派の「菜の花議員連盟」（会長：河村建夫衆議院議員）が二〇〇二年に発足している。

二〇一六年四月に奈良県で開かれた第一六回菜の花サミットでは、宣言文で「《調和》と《共生》」を重んじる国づくり」を呼びかけた。それは、「大企業への富と資源の集中、格差拡大、貧困増大、TPPなど国際分業、戦争協力」の不均衡・不安定路線を巨額の財政赤字でまかないつつある現政権の政策の対極に位置する、地域からのオルタナティブの提示である。

［参考文献］

河田昌東・藤井絢子編著『チェルノブイリの菜の花畑から――放射能汚染下の地域復興』創森社、二〇一一年。

藤井絢子・菜の花プロジェクトネットワーク編著『菜の花エコ革命』創森社、二〇〇四年。

藤井絢子編著『菜の花エコ事典』創森社、二〇一一年。

菜の花プロジェクトネットワークHP（http://www.nanohana.gr.jp/）：「菜の花プロジェクトネットワークの一五年史」。

＊本稿は、右記四資料から本書の編者のひとり西川潤の責任で起草し、菜の花プロジェクトネットワーク代表・藤井絢子氏の校閲を得たものである。

2　都市と農村を結ぶ持続可能なコミュニティをどう創るか？

吉川　成美

1　提携運動の再建を目指して

奥羽山脈のふもとに位置する山形県南部の高畠町《たかはた》は、「まほろぼ」の地と称される。まほろばは日本の古語で、「丘や山に囲まれた、実り豊かな住み良いところ」を意味する。農家の約八割が有機農業を含む環境保全型農業に取り組み、奥羽山脈から湧き出る清流の恵みを受けて生き物がにぎわう水田で、米づくりを営んでいる。ぶどう、りんご、洋梨などの果樹は春に花を咲かせ、秋に実る。夏にはとんぼが水田の周囲を飛び交い、間もなく収穫の秋を迎える。かつて日本の奥地を旅したイザベラ・バードが語った「東洋のアルカディア」（理想郷）とも言うべき光景を彷彿とさせる。

奥羽山脈が水田に映える高畠町(撮影：佐藤充男)

農薬汚染、公害問題が全国を襲った高度経済成長末期の一九七三年、高畠町では農家で詩人の星寛治を中心に、農薬・化学肥料を多投する近代農業に疑問を持った農家青年三八人が有機農業運動を始めた。この運動は、当時のベストセラーである有吉佐和子の『複合汚染』(一九七五年)でも取り上げられ、広く知られていく。彼らの有機農業は、脱化学農業を支持し、農業の重要性を理解する都市の消費者、生活者たちに、「提携」という形で支えられていた。提携とは、農家と消費者がお互いに信頼関係を確立し、自然と環境を重視する生活を実践していく運動である。

しかし、二〇一一年の東日本大震災と福島原発事故で、原発から八五キロ離れた高畠町も福島県から多くの避難者を受け入れた一方で、深刻な風評被害を受ける。農家によっては、同年秋の農産物受注量は八割減少し、四〇数年積み重ねてきた提携運動は危機に立たされた。提携先の消費者たちは食の安全を重視するから、見えない放射能汚染にも敏感だったのである。

そのなかで、高畠町の有機農業に学び、学生のホームステイや『高畠学』を出版するなど、交流を深めてきた早稲田大学早稲田環境学研究所（早稲田環境塾、原剛塾長）では、深刻な風評被害を乗り越えて、「提携」の試みを再建しようと「たかはた共生プロジェクト」を発足させた。本節では、ものごとの価値や意味が根底から覆された震災後の農家と消費者が何を目指したのか、都市・農村間の提携を進めていくうえでの課題は何かを、二〇一六年段階の知見と経験をもとに報告する。

2　新しい提携運動の背景と発足

高度経済成長期には、農家は効率的な近代農業と生産性向上を旗印に掲げ、農薬や化学肥料を多投した。高畠でも、農薬のヘリコプターからの「空中散布」が生産者を二分する大きな対立を生んだ。高畠町有機農業研究会のメンバーは、消費者に対して加害者であると同時に、自らも健康面で被害者であるという現実に向き合うことになる。彼らは対立を乗り越えて、有機農業者であるという自覚を強く持ち、一楽照雄（第6章参照）らが提唱した「従属農業からの脱却を図る」有機農業運動にいそしんだ。他方、都市の消費者たちは、安全な農産物を確保したいという強い気持ちから、高畠の有機農業者を支持し続けた。

一般的に提携運動では、米や野菜、果物などの価格を双方の話し合いで決める。消費者側は、作物の見かけや形を問わず、ときには天候異変による収穫の減少で農家に損失が生じても、それを進んで引き受け、農家の生活を支える。農家は消費者と作付会議を開き、品目や数量を相談するので、市場の動向に振り回されずに生産に集中できる。

提携は、お金に換算した農産物の単なる取引ではない。生産者と消費者相互の顔の見える信頼関係がベースとなって、都市と農村を結ぶ絆を生み出すのである。消費者が農繁期に「援農」に来て、農業の実際に触れることもあるし、農村を第二の故郷としてグループや家族ぐるみで訪れ、親戚付き合いのような関係が生まれることもよくある。

しかし、福島原発事故は、提携で結ばれた農家と消費者双方に大きな被害をもたらした。とくに、東北地方の農家は厳しい状況に立たされた。提携する消費者のなかには、放射性物質に対する感受性の高い子どもたちをかかえる家族もいる。データの確認、自主検査、自主基準の策定が急がれた。高畠でも放射能検査を実施し、出荷作物に対して一キロあたり検出限界一ベクレルという厳しい基準を設定。風評被害を避ける話し合いも行われた。

それでも、消費者の不安感は強く、二〇一一年の収穫を前に提携から離れる消費者も現れた。生産者には、何を作れば引き取ってもらえるのかという不安が広がる。原発事故は消費者・生産者双方に不信の種を播いたのである。

この混乱に際して、二〇一二年初めに開かれた作付会議では、有機農家も消費者も本音を出し合って、復興の筋道と処方箋について話し合った。その結果、両者は農村の生産者グループと都市の消費者グループという二項対立の関係を越えて、一体化したグループ（組織）をつくり、提携をやり直そうという決意を固める。すでに、農村の高齢化や後継問題が起きていたが、この機会に、農を基盤とした文化に着目し、将来にわたって都市と農村の課題に双方向で取り組み、協同して解決を目指そうという気運が生まれたのだ。

こうして、「たかはた共生プロジェクト」が発足した。私たちは、このプロジェクトの成果を、福島をはじめとする他の被災地にもつないでいきたいと考えている。ここで目指す新しい提携とは、以下の六点に整理できる。

①現代の政治、経済、社会の体制を厳しく見つめ、メディアに対するリテラシーをみがく（多国籍企業の農業支配やＴＰＰなどの動きをウォッチし、農業、農民の考え方をメディアに載せる）。
②これまでの提携が原則として掲げてきた流通や分配方法などの理念・理想の垣根を低くし、新しい方法をおそれずに試す。
③提携の合理的優位性を評価し、公平で犠牲のない、継続可能な形を模索する。これまで避けることが多かったお金の話をタブーにしない。
④環境・生物多様性、政治、経済に関する対話・言論空間を積極的に持ち、自ら発信する。
⑤小学校・中学校・高校・大学の教育・交流活動との協働を模索する。

⑥地域連帯をベースにした食料主権などについて、海外で進展しているＴＥＩＫＥＩの諸グループ（北米やＥＵの「地域が支える農業」（CSA＝Community Supported Agriculture）、フランスの「地場農業を支える協会」（AMAP＝Association pour le Maintien d'une Agriculture Paysamne））と交流・情報交換し、視野を広く保つことを活動の背骨にする。

これらは、農業がますます多国籍企業によってコントロールされていく現代世界にあって、どっしり地域に根ざす有機農業運動の実現につながる。

これまでとこれからの有機農業運動のあり方についても議論された。有機農業は、一九七〇年代前半に始まる。経済の対価としての公害・環境破壊に直面し、これを食生活の場から乗り越えようとしたのが、一楽照雄が示した、人間性を奪う利潤優先の資本主義経済に対峙する有機農業運動である。そこへ、原発事故の見えない放射能汚染は、公害・環境問題のレベルを超えて、自然との共生を基盤とする有機農業運動を脅やかすに至った。有機農業は、自らの資本である、土、水、生命のつながりが失われる危機に直面し、一歩進んで、自然の再生力を重視した生き方に取り組んでいく時期ではないか。

反面、ＴＰＰなど自由貿易推進のなかで、有機農業の生産物に対しては高い評価が生まれている。東日本大震災を機に、有機農業運動を現代らしい方法で発展させ、田園の幸せと豊かさを基盤にしたスローライフ、脱成長の生き方を若い世代に提示できるかどうか。それこそが、生産者・消費者双方にとっての次世代への継承という重い課題に答える道と考えられる。

提携によって何と共生してきたのかという根本的な討論を通じて、高畠・早稲田双方から各二〇人が、新しい会を支える中心メンバーとして名乗りを上げ、多彩な人材の集まる会が発足した。そこから、メディアのリテラシーをみがくという新しい提携のメニューも誕生していく。

この会は半年のテスト期間を経て二〇一三年四月に、高畠産の完全有機・天日乾燥米を買い支え、非常時には助け合うという災害提携を盛り込んだ機関「青鬼クラブ」を設立した。当初の会員四〇人で、毎月二五〜三〇人が三キロ、五キロ、一〇キロの各コースを選んで米を年間提携する（毎月配送、お休みも可能）。年間一五〇キロ相当でスタートした。

同時に、言論空間の保持と発信という目的で、毎日新聞本社一階にある毎日メディアカフェに「青鬼サロン」を開設した。高畠からはミニバンで採れたての野菜、果物、加工品、米などを会員農家が運ぶ。提携の原点としての分配方式を維持するが、同時に、直売所形式での販売も始めた。そして、毎月テーマを決め、食と農をテーマにしたトーク会を開き、交流する。

若い世代を巻き込む活動としては、高畠高校で『フタバから遠く離れて』の船橋淳監督の映像指導のもと、「ふるさとＣＭ」を各自が制作したり、高畠中学校で学校農園の開墾からの記録映像を撮影したりしている。これらは、中長期的に震災後の東北に生きる子どもたちのドキュメンタリーとして完成させる。子どもたちは村の変化を記録し、編集し、発表するなかで、高畠という場所の文化性と精神性をしっかり見据えている。やがて、それが農村文化の豊かさの維持につながり、若者たちの定住化を導くことを、私たちは期待している。

3 青鬼クラブ＋サロン――贈与・互酬の提携ネットワークの現代化

「青鬼クラブ」「青鬼サロン」の「青鬼」は、高畠町出身の童話作家・浜田広介（一八九三～一九七三年）の『泣いた赤鬼』に由来する。高畠を原風景にした浜田の愛と善意の作品世界は、この童話によく結晶している。

『泣いた赤鬼』は、村の近くに赤鬼と青鬼が住んでいた、というシーンから始まる。赤鬼は、人間と仲良くしたいが、外見からつまはじきされるのを見て、友人の青鬼がストーリーをつくった。それは、青鬼が村でひと暴れし、それを赤鬼がこらしめることによって、赤鬼と人間の仲を取り持つというストーリーである。この芝居はうまくいき、赤鬼は人間に受け入れられるが、青鬼は黙って友人のために身を引き、姿を消す。自己犠牲によって友情を実践する童話だ。人のつながりをテーマとしており、提携関係にも通い合うところがある。

提携関係で有機農家たちが重視したのは、自らの農産物は商品ではないということだった。自分が愛着を持つ生産物を、単に市場に出荷するのではなく、知己に届けて、双方が喜ぶ世界をつくっていく。お金を媒介としながらも、自分の手塩にかけた農産物を特定の人に送ることで、心の豊かさが得られる。そこには、「贈与」「互酬」の価値が常に流れている。受け取った消費者は、贈られるモノと一緒についてくる農家の善意、信頼、友情など人格に関わる「気」（スピリチュアリティ)を一緒に受け取り、人生の満足度を高めることになる。

かつてフランスの社会学者マルセル・モース(一八七二～一九五〇年)は、贈与を重視する経済社会では、人びとは贈与されれば贈与を返すが、それは相互の人格的尊敬を土台としている、と指摘した。この贈与・互酬社会は同時に、コミュニティのつながり(絆)を重視する社会でもある(『贈与論』一九二四年)。

贈与型社会では、モノの移動が起こるたびに、目に見えない複雑な性格を持った流動的な力、〝霊(スピリッツ)〟の力が活性化され、人間の社会と自然を巻き込んで、さらに力強い流れを起こすと考えられる。それを自分の手元にとどめ、他者に贈り物としてお返ししなければ、宿っている気の流れが滞ってしまう。増殖力のある霊が止まれば、人や自然に悪い影響が出ると考えられるのである。

霊(スピリッツ)こそがコミュニティをまとめる内発的な力、エネルギーの源だ。ところが、商品関係が全面化した社会では、そろばん勘定が基準となり、しだいにお金自体に価値が吸い取られ、人と人との間の人格関係、贈与についてまわる「気」、コミュニティの形成力は衰退する。その証拠に市場交換関係が一般化すると、前述の生産物にまつわる人格的な側面は、とたんに面倒で、わずらわしいものになってしまう。商品は価格を通じて、無機的に交換される。利益があがるかあがらないかで、人間関係はいつでも中断される。

近代社会は、人間関係を贈与・互酬の原理で守る社会を、利潤優先の合理的な交換社会に変えようと試みてきた。ところが、近現代社会でも市場関係と並んで互酬や再分配関係は、社会のまとまりを維持するうえで重要な役割を担っている。それは、政府の社会保障システムにおける資金移転に始まり、従業員同士のコミュニケーション手段としての居酒屋での盃のやりとり、さらには中元・歳暮・クリスマスギフトの慣行まで、さまざまなレベルでの非市場的やり取りからも知られる。

昨今の等身大のSNS（ソーシャル・ネットワーキング・サービス）やICT（情報・通信）技術でさえ、贈与の機能が働き、逆の効用である「重み」「うっとおしさ」が得体の知れない束縛と密着観を生み、問題を引き起こすに至る事例も報告されている。これらは「贈与」スピリッツの衰退例かもしれない。それほどまでに都市化された現代社会では、「贈与」関係の適切な距離を測ることのできない人間たちを生み出しているとも言えよう。これも、人間の主体性が失われている現代社会の一つの現実である。

また、深刻な問題の一つとして、食生活を農村、海外に依存している都市住民にとっては、どこかの贈与のネットワークに自分が入っているかどうかは、自らと家族の安全のために切実と言わざるを得ない。それは、敗戦直後の農村への必死の買い出しや、原発事故直後のスーパーにモノがなくなり、混乱した生活を思い出せば、すぐわかる。「絆」は被災地で自助、共助を支える言葉として多く用いられたが、実は都市住民にとってこそ、自分の都市機能への依存的生活を見直すうえで、重要なキーワードであろう。そこから、農家と消費者の共同自給農園である「青鬼農園」の模索も始まった。

すべてが経済換算される現代社会では、コミュニティが解体し、人間はしだいに孤立化し、無縁化していく。日本のような高齢化社会では、ますます「孤独死」に象徴される社会的孤立が新しい貧困問題として浮かび上がってきている。それは、行政の生活保護など給付金だけでは解決せず、近隣社会の支え合いがソーシャル・セーフティネットの役割を果たす。だが、家族など親密圏や近隣社会の解体を通じて、貧困人口は増えている。

こうした社会では、お互いに必要とし合い、贈り物を交換して信頼感を高めることによって、生活の質や心の豊かさを高められる。もちろん、共同体が人をしばる側面はあるのでバランスが重要だが、商品経済万能の社会は人間の心の豊かさを奪い、人をモノとしてしか見ない殺伐な人間たちを育てることになる。それは、銃器文化の米国で絶えず人びとの殺傷事件が起こる事実からも察せられるだろう。

提携運動をつうじての農家と消費者の関係づくりは、こうして、マネー優先の市場経済社会の荒涼とした風景に、食の安全・安心を軸として、お互いを人間、生活者として尊重するコミュニティ文化を対置する。浜田広介の童話は、赤鬼が青鬼と行きちがい、涙をこぼすシーンで終わる。それは、気づいたときには真の友はいないという親密圏の破壊の行く末を暗示しているようである。

4　未来の担い手を養成する持続可能なコミュニティと国際連帯

「たかはた共生プロジェクト」では、共同代表の星寛治が始めた「耕す教育」を地域外に広める方法はないかと考えた。

変わり者集団と呼ばれた農民たちが続けてきた有機農業運動は、都市とのつながりに支えられると同時に、無化学物質栽培で守ってきた美しい田園の生態系で地域の子どもたちを正しい食べ物で育てたいという思いのもとに存続してきた。結果的に高畠町の学校では、一九七〇年代以来、どこでも学校農園が置かれ、児童・生徒たちが「耕す教育」に参加している。給食野菜の自給化に始まり、マーケティングまで考える学校もある。

たかはた共生プロジェクトでは二〇一三年から、中学生の修学旅行の際に、これらの学校農園の生産物を東京で販売するイベントを始めた。二〇一五年にはじゃがいも、スイカ、枝豆など二〇〇キロの農産物が一五分で完売した。このプロジェクトは、環境省が東北地方の持続可能な発展振興のために設けた「ESDプログラムチャレンジプロジェクト」の大臣賞(最優秀賞)をその前年、受賞した。

また、統合で空いた中学校の農園を提携の消費者と農家の自給農園として引き継いだり、統合先の中学校での新しい農園づくりをサポートするプロジェクトもある。これらは、地元農家と消費者たちとのよい交流と相互理解の場となっている。

高齢化、少子化による後継者不足、農地の自主減反、耕作放棄地の増加、激甚化する気候変動への対応など、農村では毎年毎月、激しい変化が起こる。農家が安心して提携を信頼し、生業を維持できて、はじめて都市の提携消費者の健康と豊かさも確保できることを私たちも認識する必要があろう。

近年、「ビア・カンペシーナ（La Via Campesina）」という国際的な組織が、ＦＡＯ（国連食糧農業機関）によって食料生産の重要な役割を担う組織として認められた。ビア・カンペシーナには日本を含め世界七三カ国一六四の組織が加盟し、約二億人の農業従事者から構成される（二〇一三年調べ）。地域に根づく伝統技術、食料生産、農村文化を守るため、在来種子の保存、農薬や化学肥料、遺伝子組み換え技術に頼らない持続可能な農業を取り戻すための活動をしている。

約八億人が飢餓に苦しむなか、家族・小規模農家の役割とその活動が飢餓の軽減に重要な役割を果たすことが国連機関によっても認識され、ＦＡＯなどとビア・カンペシーナの協力活動が始まった。この活動では、経済のグローバル化に対応し、家族農家を単位とする環境に配慮した食料生産や、農民主権、国内外における種子の保全などに力を入れている。それは、多国籍企業による遺伝子組み換え作物、農地収奪、大規模農場設置による環境破壊と食糧汚染、企業の農業支配と市場原理主義に対抗して、食料主権（農民や消費者が何を育て、何を食べるかを決める権利)を打ち立てる闘いでもある。

地域や国によって政治・経済・社会的背景は異なっても、農民の直面する問題は世界的に共通するようになっている。農と食のグローバル化が急進展する一方で、こうした家族・小規模農家を主体とした食料主権の具体化、国際機関や政府への働きかけが大事になる。また、家族、地域で担う農業が発展していくためには、消費者・生活者としての市民との相互理解、相互提携が欠かせない。二〇三〇年代後半には、世界人口は九〇億人を越える。地球温暖化とあいまって、食料需給の将来について国際機関は警告を発している。食の問題は、市民にとって決して他人事ではない。

日本の提携運動は現在のところ、「ネット購買」「お取り寄せ」文化に押されている。流通の利便性は飛躍的に向上したが、それは提携運動にとって双刃の剣とも言える。

提携運動の神髄は、モノの取引ではなく、地域を越えた「コミュニティの形成」にある。日本の提携運動も、有機農産物、安全な食べ物を求める段階から、英語圏のCSAやフランスのAMAPのように、「作る」「育てる」「運ぶ」「食する」すべての段階での協働の方向へと進み出す必要があろう。それを通じて、都市と農村の分断、前者による後者の支配という現在の世界のあり方を見直していく。これが、日本の提携運動の本来目指した方向であったし、都市の一極繁栄と農村の過疎化、中心と周辺の分裂を乗り越える「共生」の道にほかならない。

二〇一五年六月、イタリアで行われたミラノ国際博覧会に合わせて「人びとのエキスポ」が盛大に開かれた。実行団体に参加したのは、オックスファムや世界自然保護基金のようなNGO、農業・環境・スローフードなどの約五〇団体にのぼる。そこで、「国際CSAネットワーク」(URGENCI、二〇〇ページ参照)のジュディ・ヒッチマン会長は、「食料主権」や「連帯経済」(分かち合いの経済)をキーワードに、自由貿易時代の世界で、地域の中小農、家族農家の立場を守る必要性をアピールした。

二〇一六年の国際CSAネットワークの大会は、中国・北京で開催された。中国人民大学博士課程卒業後、自ら「リトル・ダンキー」というCSA農場を設立したシー・アン(URGENCI副代表)は、「社会農業」という旗印のもとで、都市に流出した人口を受け入れ、若者たちにとっての選択可能な生き方としてCSAを提唱している。こうしたCSAの波は、世界各地でとどまるところを知らない勢いで広がっているのである。

5　世界規模での提携運動との連帯へ

たかはた共生プロジェクトでは、提携運動再建の試みを通じて、若い世代の後継者の育成、海外からの輸入に支えられた日本の食生活の見直しなどの課題も見えてきた。

国連の場では二〇一五年秋に、「持続可能な開発のための二〇三〇アジェンダ」(SDGs)が採択されている。提携運動の目標は、この世界的な発展目標と通い合う。環境重視型の持続可能な発展は、持続可能なコミュニティによって支えられる。こうしたコミュニティを形成する努力は、貧富・地域・ジェンダーなどの格差を拡大する新自由主義のグローバル化と真向から対立する。都市と農村を結ぶ持続可能なコミュニティづくりを目指すたかはた共生プロジェクトは、グローバル規模での格差を是正し、地球環境を保全する運動の一環である。

共生という概念には本来、人間の生き方につきものの困難が伴う。欲望や自我が前面に出れば、達成は難しい。いやでも節度を学ぶ。ただし、そうかといって、黙っていて意思が通じ合うわけでもない。むしろ先入観や偏見を越えて、苦手な相手とも腕を組んで同じ方向に歩いていけるかが、問われるのではないだろうか。厳しい自然環境のなか、ひたすら愚直に土に向き合い、食べ物を届ける生産者の行為を、信頼をベースでまるごと支えるという消費者の前向きの一歩も必要である。

そして、経済のグローバル化のもとで、一国では解決できない小規模農家や地域農業を支えていく視点が求められよう。世界がメディアにより狭くなる一方で、各地域が分断され、相互に遠くなる現実がある。日本の農業、そして私たちの食生活を支えていくためには、世界規模での提携運動との連帯が必要となる。最近では、農家と消費者の発案で、フランスのＡＭＡＰと交流するために、りんごのシードル酒をつくろうという夢のような計画も実現し、「高畠シードル」が完成した。「提携」の方法論にとどまらず、それをいかに実体化するかが、私たちの課題である。

［参考文献］

早稲田環境塾編『高畠学』藤原書店、二〇一一年。
星寛治『農から明日を読む――まほろばの里からのたより』集英社新書、二〇〇一年。

3 野馬土が目指す内発的復興

西川 潤

1 誕生のきっかけと名称の由来

野馬土《のまど》は二〇一二年一〇月、東日本大震災と福島第一原発事故でダブル被災した福島県相双(相馬、双葉)地方にある浜通り農民連(農民運動全国連合会に加盟)を拠点とする農民たちのハブ組織として生まれた。浜通りは太平洋と阿武隈《あぶくま》高地にはさまれた地域で、国道六号線と重なる。農民運動全国連合会は、食の安全と安心、食料主権(1)を重視して一九八九年に結成された農民団体である。

浜通りの農民の多くは、原発事故により文字どおり難民化し、隣接する相馬市をはじめとする福島県内外の各地に仮住まいを見出すほかはなかった。とくに、福島第一原発から半径二〇キロ圏内の立ち入り禁止区域（帰還困難区域、居住制限区域、避難指示解除準備区域）の多くでは、原発事故後五年を経て立ち入り禁止がある程度（昼間）解除されても、南相馬市小高区、浪江町、双葉町、大熊町、富岡町、楢葉町、飯館村など、ゴーストタウン化が変わらない。地域コミュニティがひとたび破壊されると、その再建は容易ではない。

　まして農業や畜産業では、屋敷地や田畑の放射線量が除染により低下したにせよ、手つかずの周辺山林や除染廃棄物の仮置き、そして風評被害により、元どおりの作付け、家畜の飼育を行えている事例は少ない。そのため、浜通りの農民たちで再開を目指す一部の人たちは、避難地域で農地や畜舎を借り受けて生業を営んでいる。しかし、避難家族が新しい土地で自立した生活を取り戻すためには、多くの障害（就職や子どもの日常生活の回復、偏見や差別との闘い）に直面しなければならない。

　ほとんどの農民が仮設住宅住まいをしていた時期に、産直運動を軸として、地域自立の拠点づくり、安全な農産物の提供による風評被害の克服、地域住民が安心して食べ物を購入できる産直店などのプロジェクトがつくられた。それは、農家の自立、地域住民への安全な農産物の提供による地域経済の復興を目指すものである。産直運動の関係者たちが、フランス財団（フランスの公的財団）にこのプロジェクトの概要を示し、同財団が東日本大震災に際して緊急に設けた「日本への連帯」基金の助成が決まった。その際、プロジェクトを運営するＮＰＯ法人を「野馬土」（nomade）と名付けたのである。

この名称は、相馬地方で代々伝わる野馬追(毎年七月に行われる大規模な祭で、市街地を騎馬武者が行進するなど)の行事に由来している。地域の伝統文化を踏まえた名称である。同時にノマドは、フランス語で遊牧民を意味する。自由な思考と動きを指すこの言葉は、市民団体として地域復興に関わっていく積極的な姿勢を表している。それはまた、「野の窓」、すなわち大地に根ざす人びとの思いや行動を世界に開いていく窓(ウィンドウ)をも意味する。こうして、一風変わったＮＰＯの名称が決まった。

現在、野馬土は相馬市のバス営業所に近い、国道六号線に面したわかりやすい場所に事務所を構えている。木造、平屋造りのしゃれた人目を惹く建物で、デザインと設計は東京の有形デザイン機構が協力した。浜通り農民連の事務所、農産物供給センター、放射能検査センター、産直店、コミュニティ・カフェを兼ねている。

2　活動内容と成功の要因

野馬土の日常的な活動は、次の五つに分けられる。

①地元産農産物の放射能検査

福島県産米や野菜を安心して消費者に届けるための大切な仕事である。持ち込まれた土壌の測定も行っている。もともと農民連は、産消提携運動を通じて食品の安全検査に実績とノウハウを持っていた。福島県と協力しての玄米全量全袋検査では、二〇一五年産米（一袋三〇キロの玄米）は約一〇五〇万袋すべてが国の基準値（一キロあたり一〇〇ベクレル）を下回った。

②米、地元農産物、酒、せんべいなどの直売所の経営

新鮮な地元農産物や加工品などを購入できる。三陸地方の海産物と組み合わせた「絆」セットもある。これらはインターネットでも購入できるし、農民連の産直カタログにも掲載されている。二〇一五年度の売上げは二六七八万円で、収益事業の三分の二近くを占める。

③太陽光発電事業

福島第一原発から二〇キロ圏内外の汚染区域では、広大な農地がいたずらに荒廃を余儀なくされている。この荒れた農地を利用して太陽光発電事業を始めた。これは福島県が掲げる「再生可能エネルギー先駆けの地アクションプラン」の浜通りにおける実践でもある。同時に、このプロジェクトは「先祖代々の農地が荒れ果てた原野になってしまうことへの避難者の悔しさと、何とか二〇年先、三〇年先に子や孫たちにその農地との係わりを繋いでいきたいという農民の思いに支えられて」（野馬土ホームページ）いる。

すでに南相馬市小高区で、六基（年間三五五メガワット時）が発電を開始した（約一億円の工事費の三分の一は経済産業省の補助）。農民連は、再生可能エネルギーを地域おこしや観光の柱の一つとする方針である。現在、浜通り北部全体で年間二八〇〇メガワット時（七七七世帯の需要をまかなう能力）の太陽光発電設備を設置している。運転開始の二〇一五年度に得た収益は一一二〇万円

南相馬市小高区の休耕田に広がる野馬土設置の太陽光パネル（撮影：勝俣誠）

だが、これを数年内に一五〇〇万円にまで増やす予定という。
ただし、農水省は、「農事法人は農業をやるのが本務で、発電事業をやることはできない」と反対したそうだ（かたやまいずみ『福島のおコメは安全ですが、食べてくれなくて結構です。三浦広志の愉快な闘い』かもがわ出版、二〇一五年）。現場に足を踏み入れたことのない役人の固い頭は、空前の災害時にあっても、「前例」の墨守しか念頭になかったようである。

④原発二〇キロ圏内ツアー

原発被災の避難区域は広大で、交通の便も悪く（ほとんどない）、個人で回ることは難しい。そこで、原発被災や津波被害の実状、住民への影響、復興状況、現在の課題などを知るために、二〇一三年から視察ツアーを随時行っている。二〇一六年末までに一万人以上が参加して、被災地を訪れた。参加は提携団体や学校が多いが、最近ではホームページの案内を見た個人や団体も増えている。

現在、東北復興については莫大な予算が組まれながら、その大部分は防潮堤などの土木工事に費やされ、地域コミュニティの復興についての見通しが立っている状況ではない。このツアーはまさしく、被災地域と他地域とをつなぐ「野窓」として機能している。そこには、若い世代が農業や地域づくりに興味を持ってほしいとの思いもある。

⑤コミュニティ・カフェ（ＣＡＦÉ野馬土）の運営

コーヒー、紅茶、米粉ロール、カレーライス、ピザ、うどんなどが提供され、野馬土を訪問する人たちや近隣の人びとの憩いの場、また折に触れて会議や打ち合わせの場となっている。二〇席ほどのこのカフェでは、伝統食の料理教室、そば打ち講習や園芸教室などのイベントも開催される。

このほかにも、季節に応じた祭りやイベント、東京はじめ大都市での産直市などを開催し、地域社会を活気づけている。

被災地で、住宅も農地も生業も奪われた被災者たちを結び、エンパワーする野馬土の活動は、目を見張るばかりである。フランス財団のイニシアル援助は約一六〇〇万円だったが、各種の政府助成をたくみに取り入れ、放射能検査機器や太陽光発電設備を整備し、二〇一五年度の経常収入は四三七二万円にのぼる。避難者の自立と地域経済の振興に着実な歩みを進めていることが印象的である。雇用も二十数名を生み出したが、その数と同時に、復興のためのさまざまなアンテナ事業が試みられ、実行されていることが大事だろう。

野馬土の成功には大きく分けて二つの要因がある。

まず、地元で長年農民運動を担ってきた農民連の経験と実績が重要である。その指導者のひとりで、野馬土の代表理事でもある三浦広志氏は、南相馬市小高区で六・五ヘクタールの稲作を行ってきた。自らも避難世帯でありながら、すぐれたリーダーシップを発揮して、内発的な地域復興への道筋をつけている。この獅子奮迅と言っても過言ではない並々ならぬ復興努力を、産直提携の仲間たちが国内外で支えた。その努力とイニシアティブは前掲書（二三三ページ参照）に詳しい。

同時に、国内外で多くの人びとが被災住民を支え、復興の拠点をつくる努力に協力したことである。地元の側でも、二〇一四年の田んぼアート（稲の植え付け時に相馬を象徴する大きな馬の模様を六色で田んぼに描き、秋の収穫前の豊年祭りで鑑賞イベントを盛大に開催した）など、支援者との絆を大切にしている。このイベントの際には、有形デザイン機構や、フランスで田んぼアートを指導した合鴨農法で知られるMinowa Rice Fieldの美濃輪朋史氏、地元のフレンチビストロのシェフらが集まり、相馬にフランス文化カラーを持ち込んだ。震災時に生まれた（再発見された）絆という言葉は色褪せたと言われるが、相馬では新しい展開を見せている。

筆者が二〇一六年五月、三浦氏に今後の復興の展望について尋ねたとき、彼はこう指摘した。

「復興の過程では次々に新しいことが起こってくる。毎日毎日が闘いであり、この闘いをうまくこなしていかなければならない」

同時に三浦氏は、復興についての最大の問題は「原発の将来がどうなるかわからないことだ」とも語った。福島第一原発一〜三号機で溶融したまま放置され、冷えて固まった核燃料デブリや、共用プールに移された四号機の使用済み燃料が、新たな放射能拡散を導く恐れさえ排除できない。それは、近隣住民にとって切実な生活問題である。こうした状況で、二〇キロ圏内外に戻り、生業を再開する決断を、何人が下すことができるだろうか。

3　野馬土の事業と共生主義

野馬土の事業が共生主義にとって持つ意味は、どこにあるだろうか。

世界的な経済のグローバル化のなかで、市場経済がしだいに多国籍企業にコントロールされ、貿易自由化が政府の錦の御旗となっている。だが、市場化と商品化は同時に、人間の生命や健康を軽んじる風潮と結びつきやすい。それは社会の両極分解、分裂につながる。こうした趨勢のなかで、政府はますますトップダウン的な決定、安保法制や沖縄の普天間基地の辺野古強行移設に見られる民主主義の軽視、「地方創生」とは口先ばかりの地方自治無視に走っている。

そのとき、人間の生命や健康という原点を大事にすること、また、社会でまかりとおりがちな差別や排除や偏見と闘い、社会的に弱者とされた人びとの立場に立って、運動を通じてエンパワメントを進め、格差を縮少し、地域復興を着実に実現していくことは、まさしく共生の理念の実践にほかならない。野馬土の事業はそのまま、草の根レベルで民主主義と人間らしい社会を取り戻す闘いであると思われる。

そして、野馬土の事業は環境保全と結びつく。荒れた土地を利用し、自分たちの地域や家庭や生業を奪った原発に対して、再生可能エネルギーによる復興の道を具体的に示したことは、人間と環境の共生の道を示すことである。福島県自体が再生可能エネルギー立県の方向を打ち出している。しかし、地域社会での実践がなければ、県の復興ビジョンも絵に描いた餅にすぎない。

また、野馬土が地元農産物の放射能検査に力を入れているのは、風評被害対策にとどまらず、生産者として自分を律する姿勢の表れであろう。かつて日本の化学物質多投入農業では、「自家用の農産物には農薬を使わない」ということもささやかれたが、放射能は生産者・消費者を問わず、一律に環境と住民に蓄積される。野馬土と福島県民の脱原発を目指す行動は、ポスト成長期の日本の明日を示すものであるように思われる

浜通り地方を訪ね、野馬土の活動を見て、復興とは単に巨大防潮堤を築くことではないと痛感した。そうした外来の「予算消化型」(2)開発は、決して地域社会の本来の復興につながらない。復興予算は、被災者の基本的な自立の条件を整え、災害の原因を取り除くことに使用されるべ

きである。被災者の自立の基礎条件が整備されず、多くの被災者が仮設住宅での生活や家族ばらばらの生活を余儀なくされ、困難な問題に直面している現状にもかかわらず、土木工事をもって復興成せりとするのは本末転倒である。

本来の復興とは、絶えず新しいばら撒き予算に頼って環境をこわすのではなくて、一人ひとりの人間がイニシアティブを発揮し、自分の内に眠る能力を使って社会の活性化を導いていく内発的な発展の実現にほかならないだろう。それは、人間同士の共生の前提であるし、人間と環境の共生を進める道でもある。その実例を野馬土の実践を通じて理解することができた。

（1）経済のグローバル化、貿易自由化の流れを通じて、多国籍企業が食料に関する意思決定を独占し、遺伝子組み換え作物の栽培推進、種子の独占、販路の独占など、国民や地域の食料に関する決定を営利戦略に基づいて方向づける傾向に抗議し、生産者と消費者の提携を通じて食料に関する主権を確立しようとする思想と運動。

（2）二〇一一〜一四年度に二九兆四〇〇〇億円という巨額の復興予算が計上されたが、一四年度末で約三〇％の九兆円が未消化と伝えられる（『朝日デジタル』二〇一六年四月七日）。地元の真の必要に対応しない上からの開発は、いたずらな土木工事で環境を破壊し、社会分断を悪化させる例が多い。

＊本稿は、二〇一六年五月二六日に三浦広志氏に行ったインタビューと野馬土のＨＰ（https://nomado.info/）、本文で言及した、『福島のおコメは安全ですが、食べてくれなくて結構です。三浦広志の愉快な闘い』に基づいて作成した。

あとがき

本書が成り立った経緯については、アンベール氏の「まえがき」、またその背景については第1章の解説に詳しいので、ここでは繰り返さない。ただ、まえがきが触れていない成立事情について、一言述べておこう。

二〇一〇年に日仏会館で開かれたシンポジウムは、フランスでここ十数年盛んになっている脱成長論を日本に紹介した会合だった。翌年、そのまとめを準備中に東日本大震災が起こる。当時、日仏会館フランス現代日本研究センター長だったアンベール氏は、裕子夫人と共に、東北地方での救援活動に携わった。この体験を通じて彼は、災害時の人びとの交流、市民団体や当事者団体の「絆」つくりの活動に触れ、「共生の社会」の重要性に目を見開かされた、と言う。

経済成長やグローバリゼーションへの依存が、国家債務の累増や経済社会格差の拡大、失業の構造化を導いていることは、多くの人が理解していた。しかし、脱成長のその先は？

この点は多くの脱成長論者にとって、課題として残されていた。二〇一三年の「共生主義宣言」は、このような課題に正面から取り組んだ宣言である。すなわち、現代資本蓄積社会、合理主義社会の行き詰まりは、私たちが世界を見る見方、文化や倫理の問題に関わっているということだ。人としてあるべき生き方を取り戻すためには、地域コミュニティや市民運動の実践が重要になる。現代社会科学が忘れてきた文化や倫理の問題を復権することから、自分自身の他者や周囲の社会へのまなざしが変わってくる。

脱成長論は、豊かさ概念の転換、自然との共生、地域自律などを唱えて、大きな影響力を持った。ヨーロッパでは、非営利経済や社会的連帯経済の豊かな実践が見られる。ただし、社会的連帯経済が、危機に陥った現代経済における格差拡大や失業問題への対応として実施されながら、現代資本主義経済システムの危機に正面から取り組み得ていないとの批判もある。だから、非営利経済や社会的連帯経済を足場としながらも、さらに人としての「生き方」を正面から問うたこの宣言に、短期間に多くの賛同者が集まった事情が理解できる。

日本の場合にも、大企業が海外で予期せぬ困難に陥ったり、新興国企業に得意の分野を売り渡す現実がある。こうした状況のもとでは、社会的企業、地域に根ざした企業、市民企業の役割が、ますます増大していくことになろう。

この『共生主義宣言』が、皆さんのご参考になることを期待したい。

本書の出版については、コモンズ代表の大江正章さんに一方ならずお世話になった。志を持った出版者の手で本書が世に出ることを心から喜びたい。

二〇一七年二月

西川　潤

【著者紹介】

西川潤（にしかわ・じゅん）　編者紹介を参照。

マルク・アンベール（Marc Humbert）　編者紹介を参照。

勝俣誠（かつまた・まこと）
1946年生まれ。半農半読。主著『アフリカは本当に貧しいのか——西アフリカで考えたこと』（朝日選書、1993年）、『新・現代アフリカ入門——人々が変える大陸』（岩波新書、2013年）、『娘と話す世界の貧困と格差ってなに？』（現代企画室、2016年）。

アンベール-雨宮裕子（Humbert - あめみや・ひろこ）
1951年生まれ。レンヌ第２大学日本文化研究所長。編著“*Du Teikei aux AMAP -le renouveau de la vente directe de produits fermiers locaux*”（『提携からアマップへ——再生する地産地消』），レンヌ大学出版局，2011. 主論文「福島の被災農家たち」『震災とヒューマニズム——三・一一後の破局をめぐって』明石書店、2013年、“La longue marche de l'agriculture familiale au Japon”（「日本の家族農業の変遷」），*Revue Tiers Monde, Armand Colin*, 2015.

藤井絢子（ふじい・あやこ）
1946年生まれ。NPO 法人菜の花プロジェクトネットワーク代表。編著『菜の花エコ革命』（創森社、2004年）、『菜の花エコ事典』（創森社、2011年）、『チェルノブイリの菜の花畑から』（創森社、2011年）。

吉川成美（よしかわ・なるみ）
1969年生まれ。県立広島大学大学院経営管理研究科准教授、URGENCI（国際 CSA ネットワーク）理事。共著『中国の森林再生——社会主義と市場主義を超えて』（御茶の水書房、2009年）、『高畠学』（藤原書店、2011年）。主論文「野の復権【社会主義と市場主義を超えて】」『環』Vol. 40、2010年。

【編者紹介】

西川潤（にしかわ・じゅん）
1936年生まれ。早稲田大学名誉教授。主著『人間のための経済学——開発と貧困を考える』（岩波書店、2000年）、『グローバル化を超えて——脱成長期 日本の選択』（日本経済新聞出版社、2011年）、『新・世界経済入門』（岩波新書、2014年）、共編著『連帯経済——グローバリゼーションへの対案』（明石書店、2007年）、『開発を問い直す——転換する世界と日本の国際協力』（日本評論社、2011年）など。

マルク・アンベール（Marc Humbert）
1947年生まれ。レンヌ第1大学政治経済学教授。主著“*Vers une civilisation de convivialité : travailler ensemble pour la vie en prenant soin l'un de l'autre et de la nature*”（『共生の文明へ——自然を破壊せず、人がいたわり合って生きるには），Editions Goater, Rennes, 2014. 共著“*Social Exclusion-Perspectives from France and Japan*”（『社会的排除の日仏比較考察』），TransPacificPress, Melbourne, 2011. 共編著『脱成長の道——分かち合いの社会を創る』（コモンズ、2011年）。

共生主義宣言

二〇一七年三月三〇日　初版発行

編　者　西川潤／マルク・アンベール

発行者　大江正章
発行所　コモンズ
東京都新宿区下落合一—五—一〇—一〇〇二
TEL〇三（五三八六）六九七二
FAX〇三（五三八六）六九四五
振替　〇〇一一〇—五—四〇〇一二〇
info@commonsonline.co.jp
http://www.commonsonline.co.jp/

印刷・加藤文明社／製本・東京美術紙工

乱丁・落丁はお取り替えいたします。
ISBN 978-4-86187-140-5 C 0036

＊好評の既刊書

脱成長の道　分かち合いの社会を創る
●勝俣誠／マルク・アンベール編著　本体1900円＋税

21世紀の豊かさ　経済を変え、真の民主主義を創るために
●中野佳裕／ジャン＝ルイ・ラヴィルほか編　本体3300円＋税

協同で仕事をおこす　社会を変える生き方・働き方
●広井良典編著　本体1500円＋税

「幸福の国」と呼ばれて　ブータンの知性が語るGNH
●キンレイ・ドルジ著、真崎克彦・菊地めぐみ訳　本体2200円＋税

自由貿易は私たちを幸せにするのか？
●上村雄彦・首藤信彦・内田聖子ほか　本体1500円＋税

ファストファッションはなぜ安い？
●伊藤和子　本体1500円＋税

市民の力で立憲民主主義を創る
●大河原雅子〈対談〉杉田敦、中野晃一、大江正章　本体700円＋税

学生のためのピース・ノート2
●堀芳枝編著、勝俣誠、川崎哲、高橋清貴、李泳采ほか　本体2100円＋税

海境を越える人びと　真珠とナマコとアラフラ海
●村井吉敬、内海愛子、飯笹佐代子編著　本体3200円＋税